BEWUSST DURCHS Gebet

Erzählungen und Gefühle von Betenden

Hacer Eroglu

PLURAL
Köln 2024

PLURAL Publications GmbH
Colonia-Allee 3 | D-51067 Köln
T +49 221 942240-260 | F +49 221 942240-201
www.pluralverlag.eu | info@pluralverlag.eu

1. Auflage, Köln, Juni 2024

Autorin
Hacer Eroğlu

Design | Satz | Druck
PLURAL Publications GmbH

ISBN: 978-3-949982-40-8

Möge Allah
uns zu denjenigen
gehören lassen, die
das Gebet beständig
verrichten, wertschätzen
und verinnerlichen.

INHALTSVERZEICHNIS

EINLEITUNG

Es gibt auf Deutsch so manches Buch über das Gebet. In ihnen wird dargelegt, was das Gebet gültig und ungültig macht. Bevor man etwas tut, ist es klug und weise, sich vorher Wissen über das jeweilige Thema anzueignen. Deshalb können wir dankbar dafür sein, dass es auf Deutsch inzwischen möglich ist, sich Wissen über das Gebet anzueignen. Gleichzeitig ist zu beobachten, dass es an etwas fehlt. Es gibt kaum Bücher, die vermitteln, wie man bewusster beten kann. Das kann gelernt und geübt werden.

In diesem Buch geht es um den Geist des Gebets. Nicht körperliche Bewegungen allein machen das Gebet aus. Zu beten heißt vor allem, dass die Seele handelt. Zu beten ist das Mittel, um die Verbindung zu Allah tiefer zu spüren. Er ist der Erschaffer, der Erhalter. Wir sind Geschöpfe. Das Gebet zu verrichten, auf die Art und Weise, wie er es uns vermittelt hat durch seinen Gesandten (s), stärkt die Verbindung des Geschöpfes zu seinem Ursprung, seinem Schöpfer. Allah zu dienen darf nicht bloß als Pflicht verstanden werden. Noch mehr ist es ein unverzichtbares Bedürfnis. Der Mensch als Mittelpunkt der Schöpfung benötigt mehr als bloß körperliche Gesundheit. Die Gesundheit der Seele muss ebenfalls beachtet werden. Das Gebet trägt zur seelischen Gesundheit des Menschen bei. Wer betet, lernt die Verantwortung und Demut Allah gegenüber zu verstehen.

Es sollen nicht bloß trocken Informationen vermittelt werden. Es wird aus dem Alltag verschiedener Personen erzählt. Wir nehmen Anteil daran, was in ihnen in verschiedenen Situationen vorgeht. Wir erfahren von ihrem Innenleben. Das gibt die Möglichkeit der Seele des Gebets näherzukommen und selbst bewusster zu beten. Das Buch richtet sich sowohl an junge Menschen, die eine stärkere Verbindung zu Allah aufbauen möchten als auch an Erwachsene, die ihre Beziehung zu Allah auffrischen und ihren Iman beleben wollen.

Im ersten Kapitel wird darauf eingegangen, warum das Gebet eine Pflicht ist. Im zweiten Teil gehen wir auf die Verantwortung des Menschen ein. Mukallaf wird ein Mensch genannt, der verantwortlich ist. Wie hängen Vertrauen und Verantwortung miteinander zusammen? Es wird beschrieben wie die religiösen Pflichten im Allgemeinen und das Pflichtgebet im Speziellen eine Vertrauensbeziehung zwischen Allah und dem Menschen darstellen. Besonders geht es darum, wie Verantwortung den Wert des Menschen vor anderen Geschöpfen hervorhebt und was sie in der Praxis wirklich ausmacht. Im dritten Kapitel wird das Thema der rituellen Reinheit behandelt. Es wird vor allem der Frage nachgegangen, warum er sich reinigen muss, auch wenn er nicht befleckt ist. Da die rituelle Reinheit mit dem Gebet zusammenhängt, wird der Sinn und die Weisheit dieser Verbundenheit hervorgehoben. Das Gebet selbst wird im vierten Kapitel aufgegriffen. Im Mittelpunkt steht hier der tiefere Sinn des Dienens und wie Demut gegenüber Allah den Menschen ans Wichtige bindet. Viele denken, dass es Freiheit sei, nach Lust und Laune zu leben. Dieses Verständnis wird hinterfragt und es wird aus einer anderen Perspektive betrachtet. Es geht darum die Freiheit in Bezug auf die freiwillige Hingabe zu Allah zu verstehen. Im fünften und letzten Kapitel wird die Sure Fâtiha näher betrachtet. Da diese Sure in jedem Gebet rezitiert wird, machen wir uns gemeinsam Gedanken darüber, welche Weisheit hinter der regelmäßigen Wiederholung steckt.

All diese Inhalte werden durch Erzählungen, bildhafte Beispiele und kurze Erklärungen vermittelt. Dies soll es ermöglichen, die Gefühle der erzählenden Personen nachzuempfinden, um auf emotionaler Ebene eine Verbindung zum Gebet aufzubauen. Der Text enthält kritische und interessante Fragen, um Neugier zu wecken und Denkanstöße zu geben.

Da das Gebet bestimmten Formen und Normen folgt, die gelernt werden müssen, werden auch diese mittels Abbildungen aufgegriffen. Beispielsweise werden Informationen zum Mukallaf tabellarisch dargestellt. Es werden Begriffe erklärt, mit denen sich der Mukallaf auseinandersetzen muss. Einzelheiten zur Gebetswaschung und zum Gebet werden ebenfalls anschaulich dargestellt. Abgerundet wird alles durch die Suren, die sich am Ende finden. Diese können mittels QR-Codes angehört werden, damit jeder die richtige Aussprache lernt und das Gebet auf eine Art und Weise verrichten kann, mit der Allah zufrieden ist.

Ziel ist es, sensibler für die inneren Aspekte und Wirklichkeiten des Gebets zu machen als auch die Sensibilität für die äußeren Formen und Normen zu wahren. Die Bemühung obliegt dem Menschen, Erfolg kommt von Allah.

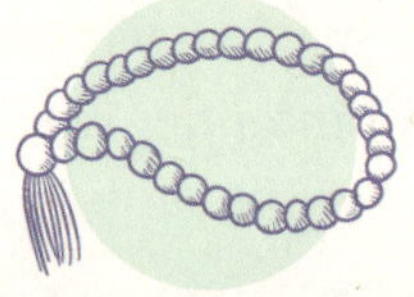

DAS PFLICHTGEBET - ABER WARUM?

Ich war völlig aufgelöst. Es fühlte sich an, als würde mir das Herz zerreißen. Ich spürte Adrenalin. Ich fühlte Wut. Das Blut schoss mir in den Kopf. Ich war zutiefst verletzt. Warum stellte jemand andere bloß? Wie konnten Menschen nur so respektlos sein?! „Kanake", hat sie geschrien und mir ins Gesicht gespuckt. Alle haben es gesehen. Niemand hat etwas gesagt! Ich habe nur geschafft „Ich bin kein Kanake" zu sagen. Dann rannte ich weg. „Schnell nach Hause, einfach nur nach Hause!", war mein Gedanke.

Beim Versuch, meine Tränen zu unterdrücken, suchte ich in meiner Schultasche nach dem Hausschlüssel. Wild wühle ich in der Tasche. Was für ein Durcheinander. „Na endlich, hier ist er." Schnell steckte ich den Schlüssel in den Schlitz. Es machte „klick" und ich öffnete die Haustür. „Endlich Zuhause!", dachte ich erleichtert. Entschlossen bewegte ich mich in Richtung meines Zimmers, setzte meine Schultasche ab und eilte zur Gebetswaschung. Ich brauchte jetzt unbedingt Trost.

„Bismillâhir rahmânir rahîm." Ich begann die rituelle Waschung mit dem Namen Allahs, dem Allerbarmer, dem Barmherzigen. Noch während das Wasser durch meine Finger floss und mein Gesicht, meine Arme und Füße benetzte, spürte ich allmählich Erleichterung. Meine Wut ließ nach. Mit jedem Tropfen entweicht meine negative Anspannung. Es war, als würde ein brennendes Feuer erlöschen, Tropfen für Tropfen. Ich trocknete mich ab, ging zurück in mein Zimmer und zog mein Gebetsgewand an. Vor meinem großen Balkonfenster breitete ich meinen samtgrünen Gebetsteppich aus. Mein Teppich war weich und schimmerte durch das warme Sonnenlicht, das darauf fiel. „Dein Lächeln ist so bezaubernd“, dachte ich, als das Licht der Sonnenstrahlen mein Gesicht streichelte.

Ich blickte auf meinen Teppich und stellte mir vor, dass die Kaaba vor mir ist. Es ist, als regne Allahs Sanftmut herab. „Allâhu akbar“, flüstere ich. Meine Hände lege ich dabei senkrecht auf meine Schulterknochen. Die Last meines Alltags schien auf meinen Schultern zu liegen. Jetzt warf ich sie hinter mich. „Allah, du hörst mir zu und ich möchte auch dir zuhören“, dachte ich innerlich. „Dieses besondere Gespräch erinnert mich wieder an die Wahrheit; daran, dass ich dein Geschöpf bin und du mein Schöpfer. Alles geschieht mit deiner Erlaubnis, nichts geschieht, wenn du es nicht zulässt.“ Ich fühlte, wie sich meine Gedanken und Gefühle allmählich ordnen. Mein Kiyâm[1] richtet mein Herz auf. Trauer und Wut verließen mich. Ich erlebte Leichtigkeit. Denn leicht fühlte ich mich, wenn ich all meine Sinne und Gefühle Allah anvertraute.

„Du bist der Größte, du bist größer als… – ja, als was denn eigentlich?“, schweifte es mir durch den Kopf, bevor ich mit meinem Gebet begann. „Du bist größer als jeder Vorfall, so unangenehm er auch sein mag. Du stehst über jeder einzelnen Sache, jeder Person und jedem Grund.“ Ich sagte erneut „Allâhu akbar“ und band meine Hände über meiner Brust zusammen, senkte meinen Kopf, sodass sich mein Blick auf die Spitze meines Gebetsteppichs

---

1 das Stehen im rituellen Gebet

richtete. „Bescheidenheit und Demut erfüllen mein ganzes Herz. Bescheidenheit und Demut vor Allah machen mich schöner. Diese Schönheit währt länger als mein irdisches Leben. Sie ist nicht vergänglich. Ich verstehe und erinnere mich wieder, dass ich trotz meiner verletzlichen und schwachen Beschaffenheit die Ehre besitze, aufrecht vor ihm stehen zu dürfen. Trotz meiner Schwächen wünscht er sich, dass ich aufrecht stehe. Ich erinnere mich daran, wie wertvoll ich bin – ganz gleich, ob jemand etwas anderes behauptet. Ich schöpfe meine Kraft aus dem Wert, den mein Schöpfer mir gibt. Er vertraut mir und gibt mir die Möglichkeit zu wachsen. Ich darf beten, Gutes und Schönes tun, weil ich wertvoll bin. Er hat mich mit Würde erschaffen und mich Schwierigkeiten im Leben zu meistern. Er hilft mir und weist mir den Weg. Ich erinnere mich daran, dass die Welt vergänglich ist. Das Paradies ist meine wahre Heimat. Meine Trauer ist vergänglich wie die Welt. Auch Trauer hat einen Grund, sie ist nützlich – sehr sogar. Sie bringt mich weiter, verfeinert mein Herz, bringt mich zum Nachdenken und nähert mich meinem Schöpfer an."

Alles geschieht mit deiner Erlaubnis, nichts geschieht, wenn du es nicht zulässt.

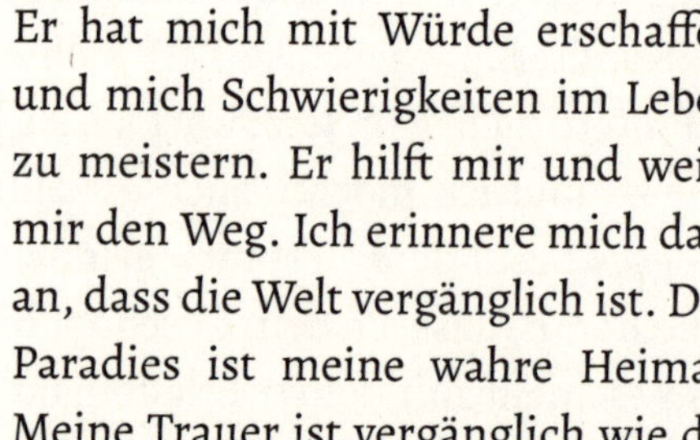

Besonnen führte ich mein Gebet aus und bei jeder Rezitation und jeder Niederwerfung bemerkte ich, wie Allah mir Geborgenheit und Halt schenkte. Das Gebet, mein Kiyâm… ich wurde geerdet. „Mein Herz wird belebt. Es gibt mir Orientierung im Chaos der Welt. Mein Herz verbindet mich mit meiner wahren Heimat und vor allem mit Allah. Es ähnelt einem Navigationsgerät. Ohne GPS-Signal fehlt es dem Gerät an Orientierung. Das Ziel wird verfehlt. Sobald das Signal wieder empfangen wird, kann sich das Gerät dem wirklichen Ziel zuwenden und führt unbeirrt auf die richtigen Wege und Straßen. Das Gefühl dieser Sicherheit und

Vertrautheit inmitten des irdischen Chaos, der kränkenden Geschehnisse im Leben, es ist meine Stütze und mein Halt. Wie gut, dass es Allah so wichtig ist, dass ich sein Signal empfange und dass ich es mehrmals täglich pflegen darf."

Über den Sinn des Pflichtgebets

Wir lernen das Gebet oftmals in unserem nächsten Umfeld kennen. Unsere Großeltern, Eltern, Verwandte und Bekannte verrichten das Gebet. Auch beim Besuch in der Moschee sehen wir Menschen, die beten. Wir selber lernen in frühen Jahren, dass das fünfmalige Gebet eine Pflicht ist und auch wir es verrichten müssen. Die Frage nach dem „Warum?" lautet oftmals kurz und knapp: „Weil es eine Pflicht ist" oder „weil es im Koran steht" oder „weil es Allah so möchte." Aber macht es mich nicht klüger zu fragen, warum wir dazu verpflichtet sind?

Ja, das tut es. Allah möchte sogar, dass wir diese Frage stellen und nach Antworten suchen. Wie wichtig und überaus willkommen das bei Allah ist, sehen wir in einem Dialog zwischen ihm und dem Propheten Ibrâhîm (a). Obwohl Ibrâhîm (a) glaubt und weiß, dass Allah alles aus dem Nichts erschafft, fragt er, wie das möglich ist. Eine wirklich merkwürdige Frage. Man mag denken, dass die Macht Allahs in Frage gestellt wird. So ist es jedoch nicht. In Wirklichkeit steckt dahinter ein besonderer Wille: **„Ich möchte Gewissheit in meinem Herzen."**[2] Etwas zu wissen bedeutet nicht automatisch, dass man es verinnerlicht hat. Nur wenn der Mensch etwas versteht, verinnerlicht er es.

2 Sure Bakara, 2:260

Mit einem Bekannten habe ich mich mal über die Folgen von hohem Zuckerkonsum unterhalten. Wir sprachen darüber, wie zu viel Zucker sich auf die Funktion der inneren Organe auswirkt. In dem Moment hielt er ein Softgetränk in der Hand. Während des Gesprächs drehte er den Flaschendeckel langsam auf. Plötzlich hörte er auf am Deckel zu drehen, schaute für einen kurzen Moment nachdenklich auf die Flasche und gab halb einsichtig zu: „Eigentlich sollte ich zuckerhaltige Getränke meiden…“ Dann fuhr er fort: „Aber meinen Organen geht es ja gut. Also gibt es keinen Grund zur Sorge.“

Dies ähnelt unserem Umgang mit dem Gebet. Wir besitzen Informationen über das Gebet, aber verinnerlichen es nicht oftmals nicht. Wenn wir die Weisheit hinter dem Gebet nicht kennen, könnte es als Last empfunden werden. Das ändert sich, wenn das Beten einen Platz im Herzen findet und einem bewusst wird, was das Gebet in Wirklichkeit ist. Das Gebet ist nicht bloß eine körperliche Übung. Allah macht uns nur dann etwas zur Pflicht, wenn es für uns einen Nutzen hat. Die Zeit darüber nachzudenken, nehmen wir uns oftmals nicht. Vor allem, wenn wir jung sind.

Im Jugendalter ist das Leben turbulent. Es gibt sehr unterschiedliche Dinge, die die Zeit im Alltag einnehmen. Junge Menschen sind lange an ihrem Handy, sind mit Social Media beschäftigt und merken dabei gar nicht, wie schnell die Zeit vergeht. Am Ende des Tages scheint es dann so, als ob das Leben an ihnen vorbeigelaufen ist. Inmitten dieser Schnelllebigkeit scheint das fünfmalige Beten wie ein Damm zu sein. Der Strom wird gestoppt. Obwohl ein Gebet nur maximal 15 Minuten in Anspruch nimmt. So schweift zuweilen ein Gedanke durch den Kopf: „Die Gebete sind im Vergleich zu den anderen Beschäftigungen im Alltag relativ kurz. Kann Allah nicht einfach auf sie verzichten? Wäre das Leben dann nicht viel einfacher und es bliebe mehr Zeit für andere Dinge?“

Allah macht uns nur dann etwas zur Pflicht, wenn es für uns einen Nutzen hat.

Allah ist es, der unseren Körper erschaffen hat. Er ist eine Gabe von ihm. Unser ganzer Körper besteht aus Millionen von winzigen Zellen, die mit bloßem Auge nicht erkennbar sind. Sie sind wie eine Fabrik, die 24 Stunden ohne zu pausieren arbeitet. In diesen winzig kleinen Fabriken ist unsere DNA, also unsere ganze Beschaffenheit kodiert. Das interessante ist, dass Allah diese Zellen jede Sekunde neu erschafft. Der Mensch benötigt für die Herstellung eines Autos mehrere Monate. Oder das Malen eines Gemäldes, es würde Tage, ja sogar Wochen in Anspruch nehmen. Das, wofür wir enorme Anstrengung, viel Werkzeug, Materialen und Zeit brauchen, schafft Allah ohne Mittel. Er ist erhaben über Körper, Raum und Zeit. Er tut es stetig und ohne Unterbrechung. Was daran also ist verwunderlich, dass er uns den Auftrag gibt, regelmäßig zu beten?

Halten wir uns vor Augen, was Allah im Koran über sich sagt. Er ist al-Karîm. Er ist der Großzügige, der Edle, der Vornehme. Ohne seine Großzügigkeit hätte es uns nicht gegeben. Wir wären nicht imstande, nur eine Wimper von uns zu erzeugen. Als Körper stammen wir von einem schlichten, einfachen, ja sogar ziemlich unästhetischen Blutklumpen ab. Wenn beispielsweise irgendwo auf der Straße eine überfahrene Taube liegt, erregt dieser Anblick Abscheu in uns. Ähnlich würde es uns beim Anblick unseres körperlichen Urzustands gehen. Nur weil Allah al-Karîm ist, entwickelten wir uns zu dem, was wir sind: Wir wurden in bester Form erschaffen. Wir nutzen all unsere Körperteile, ohne jemals etwas für sie bezahlt zu haben. Smartphones, Internet, Kleidung. Alle Dinge, die wir mögen, sind für uns erst erreichbar, wenn wir für sie bezahlen.

Als Mensch besitzen wir einen unschätzbaren Wert, der nicht nachträglich verdient werden kann.

Im edlen Koran steht geschrieben: **„Und gewiss, wir haben die Kinder Adams (die Menschen) geehrt, wir haben ihnen Würde verliehen und trugen sie über Land und See und versorgten sie mit guten Dingen und wir haben sie vor vielen, die wir erschaffen haben, bevorzugt.“**[3] Unter allen Lebewesen ist der Mensch der Auserwählte. Als Mensch besitzen wir einen unschätzbaren Wert, der nicht nachträglich verdient werden kann. Dieser Wert kommt einzig und allein von unserem Schöpfer her. Es ist sein einmaliges Geschenk. Er benötigt uns nicht. Ihm würde es an nichts fehlen, wenn wir nicht existieren würden. Auch unsere Gebete und andere Gottesdienste bereichern ihn nicht. Warum also hat Allah all das gemacht? Warum liegt ihm so viel an uns und unserem Gebet?

Vergleichen wir es mit der Beziehung der Mutter zu ihrem Kind. Von der Geburt an opfert eine Mutter sich für das Wohl ihres Kindes auf. Sie tut es mit aufrichtiger Liebe und Hingabe. Und alle Umstände, mögen sie noch so schwer sein, erscheinen ihr nicht als schwere Last. Solch eine hingebungsvolle Liebe gerechterweise zu erwidern, ist unmöglich. Doch eine Mutter ist schon bei der kleinsten Erwiderung mehr als glücklich. Ähnlich verhält es sich mit der Liebe Allahs zu seinen Geschöpfen. Indem wir Menschen beten, bedanken wir uns bei ihm. Es ist die edelste und höchste Form der Dankbarkeit, die wir ihm entgegenbringen können. Je höher unser Stellenwert unter den Lebewesen ist, umso bewusster können wir unsere Demut zum Ausdruck bringen. Und je bewusster ein Geschöpf Allah gegenüber Demut zum Ausdruck bringt, umso höher ist seine Stellung bei Allah. Deswegen ist die die Sadschda, also die Niederwerfung im Gebet, eine der schönsten Ausdrucksformen unserer Demut.

---

3 Sure Isrâ, 17:70

Die höchste Form der Dankbarkeit

Ich war mit meiner fünfköpfigen Familie bei Freunden eingeladen. Wir verbrachten den ganzen Nachmittag zusammen und hatten eine schöne, bereichernde Zeit. Wir wurden so herzlich empfangen, dass ich am Ende des Tages von Dankbarkeit erfüllt war. Zusammen mit seiner Familie traf er Vorbereitungen, damit wir uns bei ihnen wohlfühlen. Vorzügliche Speisen, warmer, genüsslicher Tee, schönes Besteck, bezauberndes Lächeln, aufbauende, herzliche Worte, aufrichtiges Zuhören, die warme, umarmende Stimme und das gemeinsame Gebet. „Besser kann man sich nicht fühlen", dachte ich und verlor mich in Gedanken: „Wie unhöflich würde es sein, wenn ich jetzt einfach durch die Haustür verschwinden würde ohne ein Wort von mir zu geben, ohne ein Lächeln und ohne mich zu bedanken? Oder würde ich sogar trotz dieser schönen Gesten mit einer miesen Miene und gemeinen Blicken einen blöden Spruch von mir geben?" Um den Gedanken aufzulösen, schüttelte ich kurz meinen Kopf und flüsterte leise vor mich hin: „So etwas wäre Undankbarkeit!"

Das Auslassen des Gebets... Ist es nicht dieselbe Undankbarkeit und Unhöflichkeit gegenüber Allah? Ja, ist sie nicht sogar eine viel größere? Dabei geht es beim Gebet vor allem um unser Wohl. Je gröber unsere Undankbarkeit gegenüber Allah ist, desto schwächeanfälliger wird unsere Menschlichkeit. In einem Hadith unseres geliebten Propheten Muhammad (s) heißt es:

„‚Stellt euch vor, jemand von euch hätte vor seiner Haustür einen Fluss, in dem er sich fünfmal täglich waschen würde; würde etwas von dem Schmutz an ihm zurückbleiben?' Die Gefährten antworteten: ‚Nein, nichts von seinem Schmutz würde an ihm zurückbleiben.' Der Prophet (s) erwiderte hinzu: ‚So verhält es sich mit den fünf Gebeten.'"[4]

Unsere schönsten Eigenschaften erhalten durch das Gebet die Chance, geschützt und rein zu bleiben. Diese Eigenschaften sind unser Antrieb, um menschlich und würdevoll handeln zu können.

Je höher unser Stellenwert unter den Lebewesen ist, desto bewusster können wir unsere Demut zum Ausdruck bringen. Und je bewusster ein Geschöpf Allah gegenüber Demut zum Ausdruck bringt, umso höher ist seine Stellung bei Allah.

4 Buhârî, Mawâkît, 6

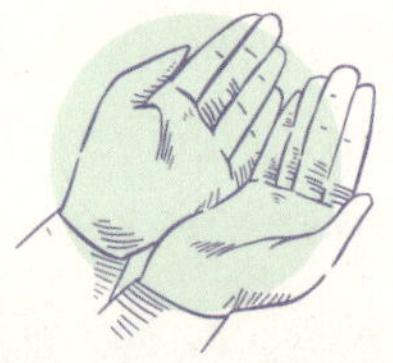

MUKALLAF – VON VERTRAUEN UND VERANTWORTUNG

„Oh, ich muss los!“, denke ich, während ich hastig auf die Uhr schaue. Schnell ziehe ich meine Schuhe an, greife nach meiner Tasche auf dem Sideboard und werfe einen flüchtigen Blick in den Spiegel neben der Garderobe – „Jap, Kopftuch sitzt!“ Ich drücke die Türklinke runter, rufe noch „Salâm alaykum, inschallah bis nachher“, und mache die Tür hinter mir zu.

17:30 Uhr. Gemeinsam mit meinen Nachbarinnen fahren wir los. Wie jeden Dienstag bin ich sehr aufgeregt. Das Beisammensein mit anderen Schwestern und die Atmosphäre in unserem Lernkreis begeistern mich jede Woche aufs Neue. Heute fühle ich mich besonders aufmerksam und freue mich auf das Thema. Denn heute geht es um mich. Genauer gesagt um den Beginn der gesamten Menschheit. Eine Reise zum Ursprung: der Mensch, seine Schöpfung und die Beziehung zu seinem Schöpfer. Das ist einfach nur spannend!

Es regnet. Die Regentropfen prasseln auf die Fensterscheibe des Autos und gleiten herunter. Sie wirken reinigend wie Lernkreise reinigend auf das Herz wirken. Jeder Tropfen gleicht einem schönen Wort, einem schönen Satz. Sie prasseln auf das Herz ein und befreien es vom Schmutz.

Inmitten meiner Aufregung fällt mir meine Mutter ein. Mir fällt ein, wie sie mir erzählte, wie ich auf die Welt kam. Wann ich anfing zu laufen und welches Wort ich als erstes sprach. Ich war wohl ein sehr aufgewecktes Kind und manchmal konnte ich anstrengend sein. Doch erinnere ich mich gut daran, wie sie mit glänzenden Augen, voller Stolz, Freude und Liebe von dieser einzigartigen Zeit mit mir berichtete. „Du warst neugierig auf alles, wolltest viel erforschen. Dabei ging immer wieder mal etwas kaputt. Ich war oft schlaflos oder musste meine eigenen Bedürfnisse zurückstellen, um dir gerecht zu werden. Ich würde nichts davon missen wollen, so schön war es. Denn das ist Liebe", sagte sie mit feuchten Augen. „Meine liebe Mutter! Deswegen weiß ich, dass ich immer bei dir zu Hause bin", denke ich vor mich hin. Ich verspüre eine tiefe, vertraute und innige Bindung zu meiner Mutter, die mein ganzes Herz wärmt und mit Dankbarkeit erfüllt: „Wer könnte mich besser beschreiben und kennen als meine geliebte Mutter?" Das Auto parkt. Wir sind angekommen. Bevor die anderen meine Tränen sehen, wische ich sie schnell von meiner Wange und wir gehen in Richtung Haustür.

Wir werden herzlich begrüßt und nehmen Platz im kuschelig dekorierten Wohnzimmer der heutigen Gastgeberin. „Jede Woche jemand anderes besuchen zu können, ist wirklich eine Bereicherung", sage ich zu meiner Sitznachbarin. Sie hört plötzlich auf in ihrer Tasche zu wühlen, schenkt mir ihren Blick, doch schaut auch etwas irritiert. „Ja", sage ich überzeugt, „wer möchte denn nicht viele Engel als Gast bei sich zu Hause haben." – „Wie? Wie meinst du das?", fragt sie mich etwas skeptisch. „Mein Vater hat mir erzählt: Wenn Menschen einzig aus dem Grund zusammenkommen, um sich an Allah und seine Worte zu erinnern, dann werden sie von Engeln besucht. Sie sind mit ihnen an diesem Ort anwesend. Es gefällt Allah sehr." – „Wow! Das klingt so schön. Das wusste ich nicht. Wie wundervoll, dass wir so viel Besuch haben." – „Schau mal, sie spricht schon das Duâ für die Eröffnung." Blatt und Stift sind bereit. Bismillâh...

Nach einer bündigen Zusammenfassung der letzten Woche und einer kurzen Einleitung gehen wir zum eigentlichen Thema über. Die Frage ist: „Warum hat Allah Adam (a) auf die Erde geschickt, obwohl er bereits im Paradiesgarten war? Warum hat Allah gerade diesen Weg für Adam (a) gewählt?" – „Hmm, schwierige Frage", dachte ich und grübelte. Insgeheim aber dachte ich: „Wie schade. Hätte unser Urvater Adam (a) diesen einen Fehler nicht gemacht, hätte er nicht vom verbotenen Baum gegessen, dann wären wir alle vielleicht heute noch im Paradies. Wir wären gar nicht hier. Es hätte die ganzen Prüfungen nicht gegeben. Keine Schule, keine Müdigkeit, keine Krankheiten, keine Anstrengung, keine nervenden Aufgaben, keinen Stress, keine Tränen, keine Kriege und und und... Einerseits gefiel mir der Gedanke schon von Anfang an im Paradies sein zu können. Andererseits aber verspürte ich ein störendes Unwohlsein in mir. Darf man denn so vorwurfsvoll über Propheten denken? Warum hast du nicht auf Allah gehört? Wir wären jetzt alle im Paradies! Wäre der Fehler nicht gemacht worden, müssten wir nicht diesen Umweg über die Erde gehen!" Entsetzt antwortete ich mir selbst: „Hallo, komm zu dir!" und schüttelte den Kopf während meines eigenen Monologs. „Der Gedanke kann ja nicht richtig sein. Anscheinend verstehe ich etwas nicht ganz richtig – aber was genau?", fragte ich mich.

Warum hat Allah Adam (a) auf die Erde geschickt, obwohl er im Paradiesgarten war?

Die Rednerin fuhr fort: „Überlegt mal: Was würdet ihr machen, wenn euch jemand kränkt oder euer Vertrauen bricht? Wie würdet ihr euch fühlen?" – „Ich würde der Person nur schwer verzeihen können", sagte eine Schwester. „Kommt darauf an, um was es geht", sagte eine andere. „Ich könnte zwar verzeihen, aber würde wahrscheinlich nicht mehr so eng mit der Person sein. Ich würde ihr nicht so leicht wieder etwas anvertrauen können", fügte jemand noch hinzu.

In diesen Gedanken habe ich mich auch wiedergefunden. Wenn das Vertrauen einmal bricht, ist es schwer wieder Vertrauen aufzubauen. „Moment mal, heißt das, dass Allah Adam (a) und Hawwa (a) auf die Erde schickte, weil er keinen Kontakt mehr mit ihnen haben wollte?" Diese Frage blitzte mir durch den Kopf. Der Gedankenstrom endete nicht. „Aber das geht doch gar nicht. Der Koran, die Propheten, das Gebet, die Sonne, der Mond, die Gewässer, das Grüne, die vielen Farben, die vielen verschiedenen Sorten, unsere Geliebten, unsere Freunde, unsere Familie und all die ganzen Schönheiten. In all diesen Dingen spricht Allah mit uns und lässt uns Anteil haben am Leben. Fühlen wir uns nicht durch unsere Wahrnehmung dieser Dinge erst lebendig? Allah hat den Kontakt mit uns nicht abgebrochen! Inmitten solcher Schönheiten zu leben, kann keine Strafe sein.", führte ich meine Gedanken fort.

Mein Kopf glich einem sprudelnd heißen Topf. Beim Versuch wieder einigermaßen Boden zu fassen, machte es plötzlich Klick. „Allah schickte doch Adam (a) und Hawwa (a) erst auf die Erde, nachdem sie sich bei Allah für ihren Fehler entschuldigten", rief ich plötzlich unbewusst in die Runde. Wie ein Geistesblitz schlug es ein. Voller Aufregung bemerkte ich erst nicht, dass ich gerade ziemlich laut gedacht habe. Alle Blicke waren auf mich gerichtet. Schüchtern schaute ich mich um und sah, wie mich alle mit großen Augen und einem amüsierten Lächeln im Gesicht anstarrten. „Entschuldigung." Verlegen senkte ich meine Hand und richtete meinen Blick zurückhaltend auf mein Heft. „Das ist ein guter Ansatz.", sagte die Rednerin und fuhr fort: „Allah schickte Adam (a) und Hawwa (a) auf

Der Bereich des Erlaubten, des Schönen ist riesig und der des Unerlaubten, des Hässlichen eigentlich im Vergleich sehr klein.

die Erde, weil er ihre aufrichtige Bitte um Vergebung annahm. Allah hätte beide in die Hölle verbannen können. Das tat er nicht. Was tat er stattdessen? Er verzieh beiden und schickte sie auf die Erde. Und wichtiger noch: Allah vertraute ihnen weiterhin. Er hat sie mit der Gewissheit auf die Erde geschickt, dass sie wieder ins Paradies kommen werden. Denken wir tiefer darüber nach: Nachdem die beiden irrtümlich einen Fehler begingen, wurden sie auf die Erde geschickt. Wenn wir es nur als Strafe begreifen, würden wir ziemlich ignorant gegenüber den Schönheiten sein, die Allah auf der Erde geschaffen hat. Und wir dürfen nicht vergessen: Das Paradies ist ein riesengroßer Garten mit unendlich vielen Bäumen und Früchten. Inmitten dieser paradiesischen Schönheiten und den unendlich vielen Gaben sollten sie sich nur von einem einzigen Baum und seiner Frucht fernhalten. Das ist sinnbildlich für unsere Situation auf der Erde. Denkt ihr nicht? Der Bereich des Erlaubten, des Schönen ist riesig und der des Unerlaubten, des Hässlichen eigentlich im Vergleich sehr klein. Das ist eine Gabe, das ist ein Geschenk Allahs an uns! Das ist fürsorgliche Liebe!“

Lichter gingen in mir auf. Es öffneten sich weite Tore in meinem Verstand. Es blitzte und funkelte in meinen Augen: „Ja, genau! Wenn wir heute auf dieser Erde sind, dann weil Allah uns vertraut. Obwohl wir manchmal fehlerhaft handeln, obwohl wir schwächeln; eigentlich genau WEIL es so ist, sind wir ihm so nah. Deswegen sind wir so wertvoll.“ Mein Herz raste voller Glück. Ich fühlte mich so vollkommen mit dieser Erkenntnis. „Für meine Mutter oder meine Liebsten würde ich viele Schwierigkeiten in Kauf nehmen, weil ich sie nur ungern enttäuschen möchte. Weil ich weiß, sie vertrauen mir, weil sie mich lieben“, dachte ich. „Mein Schöpfer hat mir so viel Gutes auf dieser vergänglichen Welt gegeben, damit ich glücklich bin. Ich esse Schmackhaftes, habe Gefallen daran, genieße es, teile es mit meinen Liebsten.

Mein Körper, meine Organe werden versorgt und sie versorgen mich. Die Sonne scheint jeden Morgen, sie hört nicht auf die Erde zu versorgen, damit es mir gut geht. Das alles ist von meinem Schöpfer für mich. Inmitten dieser Fürsorge gebietet und verbietet er mir nur Kleinigkeiten. Das ist ein Tropfen im Ozean. Ein Tropfen, der mich behüten soll, damit ich mich auf meinem Weg nicht verirre. Trotz meiner Fehler, meiner Schwäche, meinem manchmal unerklärlichen Benehmen, meiner Vergesslichkeit vertraut er mir. Ich will alles dafür tun, um sein Vertrauen nicht zu brechen.“, nahm ich mir vor.

Ich spüre die Liebe Allahs tief in meinem Herzen. Wenn ich mich in diesem bewussten Zustand befinde, fühle ich mich so kräftig. Eine Kraft, die mich behütet und Ruhe empfinden lässt. „O Allah! So wie du mir vertraust, hilf mir, auch dir zu vertrauen. Ich möchte dich nicht enttäuschen. Du sollst zufrieden mit mir sein.“, bitte ich ihn in meinen Gedanken.

Trotz meiner Fehler, meiner Schwäche, meinem manchmal unerklärlichen Benehmen, meiner Vergesslichkeit vertraut er mir. Ich will alles dafür tun, um sein Vertrauen nicht zu brechen.

Verantwortung bedeutet Wachstum

Jeder von uns hat einen turbulenten Alltag. „Nur“ ein Schüler zu sein, ist schon manchmal sehr anstrengend. Neben den ganzen Hausaufgaben gibt es noch Referate und Arbeiten, für die extra gelernt werden muss. Das kostet natürlich eine Menge Zeit und Bemühung. Ist es damit getan? Nein, natürlich nicht! Wir möchten uns manchmal ausruhen, mit Freunden shoppen gehen, uns unterhalten, grenzenlos am Handy surfen, neue Videos von Influencern anschauen oder Spiele spielen. Und dann kommt unsere Mutter und sagt uns, dass wir eben etwas für sie besorgen, im Haushalt anpacken oder unseren Geschwistern bei den Hausaufgaben helfen sollen. Das mag manchmal etwas nervig sein. Ab und zu keine Lust zu haben ist zwar normal, aber ist Verantwortung wirklich so bedrückend?

Ich erinnere mich an eine mir nahestehende Person. Als er seinen Führerschein in der Hand hatte, fuhr er für eine Zeit lang mit Begleitung seines Vaters. Er unterstützte ihn dabei, dass Auto geschickter zu fahren, ihn einzuüben und an das Auto zu gewöhnen. Vor allem hatte diese Person Probleme beim Einparken. Irgendwie ist es ihm nie so gut gelungen sich mit Parkboxen anzufreunden. Er erzählte mir, dass er zusammen mit seinem Vater seine Oma zum Arzt fuhr. Angekommen am Parkplatz des Ärztehauses hielt er das Auto an. Er dachte, dass ihm das Einparken nicht gelingen würde. Er bat seinen Vater das Auto zu parken. „Du musst es versuchen. Du wirst es nur können, wenn du es versuchst. Sei vorsichtig und gib ganz langsam Gas, damit du besser lenken kannst“, ermutigte er ihn damals. „Vor lauter Aufregung und Stress waren meine Handflächen ganz feucht. Mir wurde es sehr warm um meinen Kopf. Schweißperlen deuteten sich an. In solch einem Moment würde ich einfach viel lieber aussteigen. Das war so viel Anspannung. Ich hatte große Angst und keine Lust mich in diesem Moment damit auseinanderzusetzen.", erzählte mir die Person zu dieser Zeit. Er hatte es versucht und beim dritten Versuch hat es dann geklappt. Nicht perfekt, aber schon recht gut. Ab diesem Zeitpunkt durfte er seine Oma allein zum Arzt fahren. „Ich hatte zwar anfangs große Panik und irgendwie auch nicht den Mut, aber jetzt kann ich selbstbewusster parken. Ich würde es sehr bereuen, wenn ich diese anfangs schwere Last nicht auf mich genommen hätte," gab er voller Einsicht zu.

Verantwortung zu übernehmen ist etwas Mächtiges. Das Vertrauen anderer gibt uns Stärke, Selbstbewusstsein und viel Kraft. Wir kriegen vor allem die Möglichkeit unsere Fertigkeiten zu erweitern. So bleiben wir nicht nur Zuschauer, sondern stehen mit beiden Beinen fest auf dem Spielfeld des Lebens und führen den Ball. Auch wenn wir ab und an auf die Knie fallen, aus der Puste kommen, schwitzen, gefault werden, Muskelkater haben; je entschlossener wir uns einer Aufgabe stellen und uns bemühen, desto professioneller werden wir darin. Es heißt ja so schön: Übung macht den Meister.

Verantwortung zu übernehmen ist etwas Mächtiges. Das Vertrauen anderer gibt uns Stärke, Selbstbewusstsein und viel Kraft.

Doch Moment! Hat uns jemand gefragt, ob wir überhaupt leben wollen? Warum sollen wir Verantwortung übernehmen? Ist es nicht viel leichter, wenn wir so leben, wie wir gerade möchten; ohne Aufgaben zu erledigen, einen Job zu suchen, Geld zu verdienen, früh am Morgen aufzustehen, jedes Mal zum Bus zu rennen, ständig den Akku vom Smartphone aufzuladen und und und... Alles Dinge, die lästig sind. Warum geht es nicht ohne dieses ganze Durcheinander? Das ist ein Einwand, der durchaus akzeptabel klingt, oder?

Der Mensch im Universum

„Ding-Dong." Es klingelt an der Tür. Eine große Pizza mit deinen Lieblingszutaten. Es duftet so herrlich. Das ist zwar schön, aber du hast eigentlich gar keine Pizza bestellt. Woher kommt sie denn dann? Sie kann ja nicht vom Himmel gefallen sein. Aha! Die Pizza müsste dir jemand geschickt haben. Das bedeutet: Wenn wir nicht entschieden haben hier zu sein, dann wurden wir auf die Welt „geschickt". Also gibt es einen Sender, eine Adresse und einen Adressaten. Unser Dasein kann nicht willkürlich sein, sondern ist bis auf das kleinste Detail wohl überlegt und gewollt. Es muss dementsprechend etwas Tieferes hinter unserer Existenz als Mensch liegen. Betrachten wir es genauer...

„Wow, dieses Planetarium ist ja wahnsinnig! Ich bin dem Weltall zum ersten Mal so nah", dachte ich mir bei meinem ersten Besuch dort. Damals war ich 15 Jahre alt. Ich hatte zuvor noch nie so viele spannende Informationen über die Planeten, das Universum und unser Sonnensystem erhalten. Vor allem hat mich die Sonne so dermaßen fasziniert, dass mein Herz anfing schneller zu schlagen. Der Betreuer erzählte uns damals: „Die Sonne ist wie eine Glühbirne. Sie scheint ununterbrochen und beleuchtet unsere Erde. Natürlich hat eine Glühbirne eine bestimmte Laufzeit; nach einiger Zeit erlischt sie. Aber die Sonne brennt ständig. Falls sie mal ausgehen würde, wäre dies für uns als Menschen auf der Erde das Ende." Ich wusste bis dahin gar nicht, dass die Sonne „brennt". Sie war für mich immer ein gelber Fleck im Himmel. Da fragte ich aufmerksam: „Was würde denn passieren, wenn die Sonne nicht mehr brennen würde?" – „Ja, dann könnten wir nicht mehr weiterleben, weil wir Licht, Wärme und Sonnenstrahlen zum Überleben brauchen. Unsere Versorgung wäre gekappt." „Puh! Zum Glück passiert so etwas nicht", dachte ich mir und war froh, dass ich mich nicht darum sorgen muss. Bei einer Lampe kann ja aus

Versehen der Schalter umgelegt werden und es wird für einen kurzen Moment dunkel. Den Schalter wieder zu betätigen, reicht zum Glück aus, um wieder Licht zu bekommen. Aber bei der Sonne? Das ist nicht möglich.

Was mich aber noch mehr erstaunen ließ, war die Stellung des Planeten Jupiter zu unserer Erde. „Im Universum schießen freilaufende Sterne durch die Gegend. Normalerweise müsste unsere Erde wegen so einem starken Ansturm an Sternen zerschmettert werden. Sie bleibt aber immer unversehrt. Das hat einen bestimmten Grund: Der Jupiter ist im Verhältnis zur Erde an jener Stelle und hat eine Größe, die uns vor einem Zusammenstoß beschützt. Bevor die Gefahr unsere Erde erreicht, wird sie gebannt“, erklärte der Betreuer im Planetarium anhand einer Abbildung des Sonnensystems und der Planeten. „Mega! Also ist der Jupiter quasi unser Bodyguard“, staunte ich damals voller Verblüffung. „Ja, So können wir ihn nennen. Er funktioniert wie ein Schild oder wie ein gewaltiger Schirm. So wendet er den schädlichen Regen im All von uns ab.“ Es ist einfach so grandios wie präzise, penibel und bis ins kleinste Detail perfekt alles entworfen und platziert wurde!

Allah sagt dazu im Koran: „*Und er machte euch die Nacht und den Tag dienstbar; die Sonne, der Mond und die Sterne sind euch ebenfalls dienstbar, gemäß seinem Befehl. Siehe, darin ist wahrlich ein Zeichen für einsichtige Leute.*“[5] Diese Perfektion ist ein Befehl Allahs. Alle Planeten leisten seiner Weisheit Folge. Wenn nicht, würden unsere Erde und wir nicht existieren. Gleichzeitig bedeutet das: Jeder einzelne Planet hat eine von Allah gegebene Aufgabe und Verantwortung.

Das ist zwar schön und klingt nützlich, aber wie können Planeten überhaupt eine Verantwortung oder Aufgabe wie wir Menschen

5 Sure Nahl, 16:12

haben? Die Sonne, der Mond, die Sterne, Planeten und alles Erschaffene sind ja nicht wie wir. Sie tun Nützliches, doch sind sich dem gar nicht bewusst. Würden wir den Jupiter fragen, was er da genau macht, welche Aufgabe er hat, was er als Planet bewirkt und wie er sich dabei fühlt, würden wir keine Antwort erhalten. Sie tun, machen, bewirken vieles, aber wissen nicht, warum sie es machen. Genau hier liegt der Knackpunkt! Wir als Menschen können unsere Verantwortungen erkennen, beschreiben und verstehen. Exakt das macht uns aus! Während alles für unser Wohl erschaffen wurde, ist unsere Existenz für Allah. Im Vergleich zu allem anderen stehen wir in direktem Kontakt zu ihm und wir werden zu ihm zurückkehren. Das zeigt, wie einzigartig wir für Allah sind und welchen großen Wert er uns gibt. Ein so würdevolles Geschöpf wie der Mensch sollte sich nicht auf zu banale Angelegenheiten reduzieren. Das wäre eine große Verschwendung des menschlichen Potenzials. Genau deswegen gibt uns Allah wertvolle Aufgaben, Pflichten und Verantwortungen.

Ein so würdevolles Geschöpf wie der Mensch sollte sich nicht auf zu banale Angelegenheiten reduzieren.

Zum Beispiel: Nehmen wir an, jemand hat ein wirklich teures und hochwertiges Auto. Um es anschaffen zu können, hat er hart gearbeitet und gespart. Er ist jetzt im Besitz seines Traumautos und kann es mit Vergnügen fahren. Und was passiert? Sein Vergnügen dauert nur eine kurze Weile an. Nach nur 10 Minuten Fahrt steigt er aus dem Auto aus und zündet es plötzlich an. „Stopp, was machst du denn da?! Bist du verrückt?!“, würde jeder bei diesem Anblick losschreien. Ausnahmslos jeder würde ihn an beiden Schultern packen und heftig schütteln, damit er merkt, was er da gerade macht. Denn ein Mensch mit gesundem Verstand würde so etwas nicht machen. Wie sieht es wohl allgemein mit uns Menschen aus? Nicht viel besser! Wie das sinnlose Verbrennen eines wertvollen Gegenstandes schade und schmerzhaft ist, genauso ist das verantwortungslose Leben eines Menschen nicht mit seinem hohen Wert und seiner hohen Würde vereinbar. Wenn im Vergleich zu uns die einfacheren Wesen wie die Tiere Aufgaben besitzen, ist es nicht möglich, dass wir keine Verantwortungen haben. Nein! Würden Tiere ihre Aufgaben nur für einen Augenblick vernachlässigen, hätte das schwerwiegende Auswirkungen auf unser Dasein. Was ist dann mit unserer Vernachlässigung?

Wissen und Entscheiden

Wir alle erledigen in unserem Alltag ständig verschiedene Aufgaben, ja während unseres ganzen Lebens kommen wir verschiedensten Bedürfnissen nach. Manchmal sind das nicht nur Sachen, die uns der Lehrer für zu Hause aufgibt. Wir müssen nicht nur ständig etwas lesen und schreiben. Wir müssen Aufgaben für unseren Körper erledigen. Wir kriegen sehr präzise Aufforderungen von ihm. Wie das geschieht? Ganz simpel: Wenn unser Magen knurrt, ist es der Appell unseres Körpers: „Du brauchst Nahrung. Bitte iss etwas!“ Oder wenn unsere Augenlider vor Müdigkeit zusammenfallen, fordern sie uns auf: „Du brauchst jetzt Schlaf. Bitte leg dich hin!“ Oder wenn unser Mund trocken ist, ist der Appell: „Du brauchst jetzt Wasser. Bitte trink Wasser!“ Obwohl wir all diese und ähnliche Aufforderungen unseres Körpers gar nicht hören, wissen wir instinktiv, was er von uns möchte. Warum eigentlich? Weil wir all das benötigen. Wenn wir sie auf Dauer ignorieren, müssen wir mit schweren Folgen rechnen: Krankheiten, dauerhafte Müdigkeit, Konzentrationsschwäche und Stress zum Beispiel. Das Leben könnte ungenießbar werden. Das bedeutet: Sind wir verantwortungslos gegenüber unserem Körper, kann unser Körper uns nicht mehr in guter Weise dienen.

Als Kleinkinder oder Babys zum Beispiel sind wir nicht in der Lage selbständig zu essen, zu trinken, die Toilette aufzusuchen. Wir können noch nicht einmal kauen, weil wir anfangs keine Zähne haben. Trotzdem müssen alle Aufgaben unseres Körpers erledigt werden. Wer übernimmt diese Aufgaben für uns? Ja, es sind vor allem unsere geliebten Mütter. Sie wickeln uns, füttern uns, legen uns schlafen. Sie achten sogar beim Liegen auf unsere Schlafposition, damit wir gesund und gut schlafen können. Vor allem können wir in dieser Zeit all das, was wir brauchen, nur über einen Weg mitteilen: Wir weinen und schreien. Das Reden lernen wir viel später. Solange können wir nicht beschreiben, was wir brauchen. Als Babys leihen wir uns sozusagen das Wissen unserer Eltern. Ihr Wissen über Nahrung, Schlafen, Krankheiten und Fieber, über Laufen, Sprechen, Sitzen und und und...

Wie sieht es aber aus, wenn wir reif und erwachsen sind? Was machen wir dann?

Entscheidungen treffen – aber wie?

„Was für ein schöner sonniger Tag. Das ist eine wundervolle Gelegenheit, um mir Kleidung zu kaufen. Ich benötige unbedingt wieder was Neues“, denkt sich eine Freundin und bittet mich sie dabei zu begleiten. Wir fahren gemeinsam ins Einkaufszentrum und schauen uns in der ersten Etage nach geeigneten Kleidungsstücken um. Die Auswahl ist groß: dünne, dickere, gemusterte, einfarbige, breite, etwas enger geschnittene Kleidungsstücke. Meine Freundin schaut sich um und sucht sich einige von ihnen aus. Sie geht in Richtung Umkleidekabine und redet dabei mit flüsterndem Ton vor sich hin: „Werden die Sachen wohl passen? Nicht, dass sie zu eng anliegen oder zu kurz geraten. Ich hoffe, ich finde etwas, worin ich mich wohl fühle." Etwas verwirrt blicke ich zu ihr rüber, als ich sie zu den Kabinen begleite. „Gibt es ein Problem? Du scheinst irgendetwas aufzusagen? Wiederholst du gerade das Gedicht, das wir nächste Woche im Deutschunterricht auswendig vortragen sollen?", frage ich sie etwas ironisch in lachend scherzhaftem Ton. „Ach was, nein!", antwortet sie lachend. „Ich bin nur gespannt darauf, ob ich etwas Passendes finden werde." Angekommen in der Umkleidekabine probiert sie alle ausgesuchten Kleidungsstücke nacheinander an. Nach dem letzten Oberteil kommt sie dann zum endgültigen Schluss: „Nein. Es passt alles einfach nicht. Entweder ist es an den Armen zu eng – ich kann dann kaum meine Arme bewegen – oder es sitzt an den Beinen zu fest, sodass ich darin kaum gehen kann", sagt sie leicht zornig und enttäuscht. „Es lohnt sich nicht etwas zu kaufen, was nicht passt und später nicht getragen wird."

So etwas erleben wir öfter, oder? Es gibt durchaus mehrere Entscheidungskriterien beim Kleidungskauf: Aktuelles in der Modebranche, am meisten Bejubeltes und Angesagtes, besonders elegante oder coole Modelle, besonders Ausgefallenes und Auffälliges, möglichst schlichte, angenehme, lange und breite Sachen und und und… Was ist nun für uns geeignet? Wenn wir eine Entscheidung treffen, soll sie einen Grund haben. Zwei Aspekte sind ausschlaggebend: Wir sollten zuerst wissen, was für uns passend ist. Danach sollten wir die Fähigkeit besitzen, entscheiden zu können. Gleichzeitig achten wir darauf, dass unsere

Wenn wir eine Entscheidung treffen, soll sie einen Grund haben.

Wahl sinnvoll ist. Besitzen wir zum Beispiel das Smartphone eines bestimmten Herstellers, dann gibt es einen Netzstecker, der genau auf dieses Modell abgestimmt ist. Es wäre nicht geeignet und auch nicht sinnvoll ein anderes zu nehmen. Es würde an anderen Handys eventuell nicht funktionieren und sie im schlimmsten Fall beschädigen.

Ähnlich ist es in unserem Leben. Sobald wir aus dem Kindesalter herauswachsen und unsere Entscheidungsfähigkeit sich nach und nach ausprägt, brauchen wir nötiges Wissen, um angemessen zu handeln. Deswegen müssen wir Kriterien entwickeln, mit denen wir bei der schier unmöglichen Anzahl von Möglichkeiten lernen, uns angemessen zu entscheiden. Was ist nützlich und schön? Hierbei leistet uns Allah große Hilfe, in dem er uns darauf hinweist, was wir im Leben benötigen und was für uns nützlich ist. Er setzt uns einen Rahmen, auf den wir angewiesen sind. Denn das Ziel ist, dass wir entsprechend unserer Menschlichkeit würdig leben und am Ende unserer Reise das Paradies, unsere eigentliche Heimatstätte, voller Freude betreten können. Im Endeffekt darf der Mensch frei entscheiden, welchen Rahmen er seinem Lebensweg geben möchte. In einer Überlieferung heißt es. Einst berichtete ein Freund unseres Propheten Muhammad (s) von seiner Kindheitserinnerung: „‚Als ich spazieren war, sah ich ein Vogelnest mit vielen Küken. Ich nahm sie und legte sie auf meine Brust. In der Zwischenzeit kam die Vogelmutter und kreiste fliegend um mich herum. Sie tat mir sehr leid. Ich holte die Küken aus meinem Hemd hervor. Bevor ich sie zurück in ihr Nest legen konnte, breitete die Mama ihre Flügel über sie aus. Sie hat versucht ihre Küken zu schützen.' Der Prophet (s) fragte daraufhin: ‚Findet ihr es erstaunlich, dass die Vogelmutter so viel Barmherzigkeit für ihre Küken empfindet?' und fuhr fort: ‚Ohne Zweifel ist die Barmherzigkeit

Allahs gegenüber seinen Geschöpfen wesentlich größer als die Barmherzigkeit dieses Vogels für ihre Küken.'"[6]

Was passiert eigentlich, wenn wir nicht über unseren Weg im Leben nachdenken? Es scheint alles viel leichter, wenn es automatisch geschehen würde, wie vieles heute per Knopfdruck von selbst abläuft. Das Waschmaschinen- oder Spülmaschinenprogramm, das Öffnen der Autotür, das Einschalten der Lampe oder das Suchen über Suchmaschinen im Internet. Betrachten wir die Tierwelt. Tiere brauchen nicht darüber nachzudenken, wie sie leben sollen. Ein Entenbaby kann sofort nach der Geburt schon schwimmen. Es muss es nicht erst lernen. Ein Elefantenbaby kann direkt nach seiner Geburt laufen. Anders ist es bei uns: Wir müssen erst einmal sitzen, krabbeln, laufen und sprechen lernen – und das auf einen langen Zeitraum verteilt. Das ist eigenartig, oder? Warum geht es beim Menschen nicht einfacher?

Die Antwort liegt in unserer Natur. Für Allah sind wir die Stellvertreter auf der Welt. Stellvertreter für was? Für das Gute, Schöne, das Gleichgewicht und die Harmonie, so wie sie Allah bestimmt und erschaffen hat. Deswegen haben wir ein facettenreicheres Leben als Tiere. Deswegen bekommen wir einen Lohn dafür. Im Koran sagt uns Allah: **„Und er (Allah) zürnt denen, die ihren Verstand nicht gebrauchen."[7]** Also sollten wir uns darum bemühen der menschlichen Natur treu zu bleiben, damit das Gute und Schöne erhalten bleibt.

---

6 Abû Dâwûd, Dschanâiz, 3089
7 Sure Yûnus, 10:100

Das Ziel ist,
dass wir gemäß unserem hohen, menschlichen Wert würdig leben und am Ende unserer Reise das Paradies, unsere eigentliche Heimatstätte, voller Freude betreten können.

FARZ

Pflicht

Alle Handlungen, die wir als Muslime definitiv machen müssen. Das Auslassen dieser ist Haram.

→ **Farz al-ayn:** Individuelle Pflichten

→ **Farz al-kifâya:** Gemeinschaftliche Pflichten

- 5-maliges Beten am Tag
- Fasten
- Hadsch
- Zakat
- Wissenserwerb
- Freitagsgebet
- Geduldig sein
- Dankbar sein
- Gerecht sein

WÂDSCHIB

Bestimmung

Alle Aufforderungen Allahs an uns. Wir dürfen sie nicht auslassen.

- Witr-Gebet nach dem Nachtgebet
- Festgebete
- Opfergabe
- Fitr-Abgabe

SUNNA

Gewohnheit

Alle Handlungen, Aussagen und Billigungen unseres Propheten Muhammad (s).

→ **Muakkad:** Ständige Gewohnheit

→ **Gayri Muakkad:** Öfters ausgeführte und manchmal ausgelassene Gewohnheiten

→ **Zawâid.** Bevorzugte Gewohnheiten

- Sunna-Teile der Gebete
- Tarawîh-Gebet
- Fasten am Montag und Donnerstag
- Putzen der Zähne
- Aufessen aller Essensreste
- Trinken im Sitzen
- Auf Beleidigungen freundlich reagieren
- Sanftmütig sein

MUSTAHAB

Das rituell Erwünschte

Mehrheitlich ausgeführte gute Handlungen. Auch „Mandûb“ (Empfohlenes) oder „Nâfila“ (freiwillige Handlungen) genannt.

- Freiwilliges Fasten und Beten
- Fastenbrechen mit Datteln
- Miswâk benutzen
- Grabbesuche

MUBÂH

Das Freigestellte

Weder gebotene noch verbotene Handlungen.

- Essen
- Trinken
- Schlafen
- Hobby ausüben

MAKRÛH

Das rituell Unerwünschte

Untersagte Handlungen.
Wir sollen sie vermeiden.

→ **Tahrimân:** Nahe dem Verbotenen

→ **Tanzihân:** Nahe dem Erlaubte

- Verzögern des Pflichtgebetes
- Stören durch unangenehme Gerüche (Schweiß, Knoblauch, Zwiebel)
- Freiwilliges Gebet kurz vor dem Sonnenuntergang oder nach dem Sonnenaufgang beten
- Zeitverschwendung durch unnötige Beschäftigung

HARAM

Das rituell Verbotene

Alle Handlungen, die wir als Muslime definitiv nicht machen dürfen.
Das Ausführen dieser ist Haram.

→ **Haram li-zâtihî:** Offenkundig Untersagtes

→ **Haram li-gayrihî:** Vorübergehend Verbotenes/als Verboten erklärtes

- Streit verursachen
- Wissen geringschätzen
- Stehlen
- Lügen
- Auslassen von Pflichten
- Verstand berauschen
- Respektlosigkeit ggü. Allah, dem Propheten, den Gelehrten, den Eltern und anderen Menschen

MUFSID

Das Ungültigmachende

Alle Handlungen, die unsere Ibadas ungültig machen. Ungültige Ibadas müssen wir nachholen.

- Beim Gebet reden
- Beim Gebet lachen
- Beim Fasten vorsätzlich essen
- Beten ohne Gebetswaschung
- Unrechtmäßiges Auflösen eines Kaufvertrags

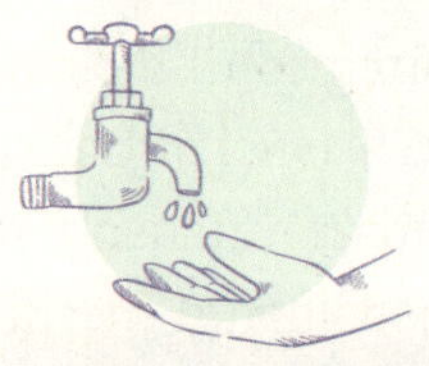

DIE RITUELLE REINHEIT – VORBEREITUNG AUF ANDERER EBENE

„Puh, ist das anstrengend“, murmele ich vor mir hin, während ich den schweren Karton absetze. Es ist nun wahrscheinlich der zigste Karton, den ich hochgetragen habe. Irgendwann habe ich aufgehört zu zählen. Mein Rücken, meine Beine, mein ganzer Körper zieht sich zusammen: „So eine Last, huu. Ich weiß gar nicht, warum wir so viele Sachen haben. Brauchen wir das alles überhaupt?“

Meine erschöpfte Mutter schaut mich an und sagt mit ruhiger Stimme: „Wir sind zwar alle kaputt, aber so viel ist da nicht mehr. Komm, du schaffst noch ein bisschen.“ Mit dieser Motivation versuche ich wieder aufzustehen und die letzten Kartons hochzutragen. Unsere damalige Wohnung war im 1. Stockwerk. Das war wirklich leichter. „Die neue Wohnung ist im 4. Stockwerk. Einen Aufzug gibt es nicht…“, beschwert sich mein Bruder beiläufig vor lauter Erschöpfung. Ein Glas Wasser zum Entspannen und es geht weiter…

„Endlich! Es ist der allerletzte Karton und ich bin für heute endgültig fertig“, jubelte ich mit froher Stimme, die aber nur sehr leise zu hören war. Langsam stellte ich den Karton ab und als ich ihn losließ und die Last von meinem Körper entwich, atmete ich tief durch. Ich setzte mich auf den Boden und lehnte meinen Rükken an die Wand. Nur mit langsamen und schweren Bewegungen nahm ich ein sauberes Baumwolltaschentuch aus meiner rechten Hosentasche und wischte mir den Schweiß von der Stirn. Währenddessen fiel mir etwas Erstaunliches auf. Ja, ich bin zwar erschöpft und habe hier und da etwas Schmerzen. Aber mit dem Ablegen des letzten Kartons ist in mir ein seltsames, befreiendes Gefühl aufgekommen.

Nach kurzem Überlegen mahnte mich ein flüchtiger Blick auf die Uhr: Asr[8]. „Oh! Ich muss mich etwas beeilen. Sonst verpasse ich noch die Gebetszeit."

Schnell wandte ich mich Richtung Waschbecken und drehte den Wasserhahn auf. Meine Hände, mein Gesicht, meine Arme, teilweise auch meine Kleidung waren voller Staub. Zuerst wusch ich meine Hände gründlich mit Seife und Wasser. Dann sprach ich meine Niyya[9] die Gebetswaschung zu machen aus. Nacheinander: Hände, Mund, Nase, Gesicht, Arme, Kopf, Ohren, Nacken und zuletzt die Füße. Nachdem ich zum Schluss noch einmal kurz meine Hände unter Wasser hielt, drehte ich den Wasserhahn zu und richtete mich auf dem Abtropftuch für die Füße auf. „Seltsam. Obwohl ich gerade keine schwere Last oder ähnliches abgesetzt habe, empfinde ich wieder dieses befreiende, sorglose und leichte Gefühl. So, als ob ich einen schweren Karton abgesetzt hätte." Voller Erstaunen, nachdenklich und sinnsuchend trocknete ich mich mit dem Handtuch ab und hing es wieder an den Haken neben der Tür. Irgendwie führten meine Organe zwar ihre Handlungen aus, aber meine Gedanken waren sehr auf dieses befreiende „Etwas"

---

8 Nachmittagsgebet
9 Absicht

fokussiert. „Da muss doch etwas sein“, spürte ich und war fest davon überzeugt die Verbindung zu erschließen.

Zurück im noch chaotischen Wohnzimmer unserer neuen Wohnung hielt ich Ausschau nach einem Gebetsplatz. Gleichzeitig suchte ich nach einem Gebetsteppich. Gebetsort und Teppich müssen sauber sein und dann kam mir die Frage auf:

„Warum kann ich nicht einfach an irgendeinem willkürlichen Ort beten? Warum muss der Ort immer sauber sein?“

Mit diesen Gedanken führte ich unbewusst meine vorherigen Überlegungen über das befreiende „Etwas“ weiter. „Das Ganze ist doch total erstaunlich. Wie und warum passiert das alles? Aber nein, nicht jetzt. Jetzt muss ich erst einmal beten. Sonst verpasse ich die Zeit für Asr“, ging es mir durch den Kopf.

Als meine Blicke suchend durch das Zimmer schweiften, sah ich meinen Vater auf einem Gebetsteppich Richtung Kaaba sitzen: „Baba! Bist du fertig? Kann ich nun beten?“, fragte ich ihn mit hastiger Stimme. Papa stand auf und ich verrichtete mein Gebet. Nach der Begrüßung zum Schluss, dem Tasbihât[10] und meinen Duâs holten mich meine Gedanken wieder ein. „Es muss doch eine Erklärung geben!“, dachte ich überzeugt und voller Neugier. Sodann entschied ich mich: „Ok! Versuchen wir es doch mal. Ich probiere das jetzt mal aus.“ Entschlossen wandte ich mich der schmutzigsten Ecke im Wohnzimmer zu und richtete mich ohne

10 Lobpreisung mit einer Andachtskette, türk.: Tasbîh

Gebetsteppich Richtung Kaaba. Ich wollte wissen, wie es sich anfühlt, wenn man an einem schmutzigen Ort betet: „Kann es wirklich sein, dass die Gebetswaschung oder das Beten an einem sauberen Ort, überhaupt die Sauberkeit an sich, dieses befreiende „Etwas" ausmacht? Als würde man eine riesige Last absetzen. Das ist doch verrückt!"

Kleine Holzsplitter, diverse andere winzige Utensilien, sehr viel dunkler Staub und und und... Mit diesem Anblick versuche ich wieder die Absicht für das Gebet zu fassen. Inzwischen ist schon die Zeit des Abendgebets[11] eingetroffen. Derweil saß mein Vater in der anderen Ecke des Wohnzimmers auf dem Boden und packte einige der Kartons aus. Als er im Hintergrund mein leises „Allâhu akbar" hörte, schaute er flüchtig über seine Schulter und sah mich beten. Ganz normal, wie immer. Aber als er seinen Kopf wieder zurückdrehte, wurde ihm klar, dass ich keinen Gebetsteppich ausgelegt hatte. Er wandte seinen Kopf sofort und mit schneller Bewegung wieder zu mir und wollte beinahe eingreifen. Es war jedoch zu spät. Ich war schon mitten im Geschehen.

Ich las die Sure Fâtiha, dann eine andere kurze Sure. Eigentlich so, wie ich es immer im Gebet tue. Nur war irgendwie etwas anders. Meine Blicke flogen über die schmutzige Fläche, vor der ich stand und gleich meine Stirn auflegen würde. Nach dem Rukû[12] und dem Kiyâm[13] kam es: „Allâhu akbar" und ich begab mich in die Sadschda[14]. „Ääh, wo soll ich jetzt meine Stirn hintun? Iih, da ist ein Fleck. Igitt! Da ist etwas. Au, da pickt etwas auf meiner Stirn. Aah! An meinen Knien drückt etwas."

---

11 arab.: Magrib; türk.: Akşam

12 Verbeugung

13 Stehen im Gebet

14 Niederwerfung

Es dauerte lange bis ich meine Stirn auf den Boden legen konnte, weil ich die ganze Zeit mit den Krümeln, Flecken und dem Staub haderte. Ja, im Eifer des Gefechts hatte ich total vergessen, dass ich gerade bete. Meine ganze Aufmerksamkeit war dahin und ich konnte mich nicht mehr konzentrieren. Da ich nicht mehr besonnen beim Gebet war, konnte ich es nicht beenden: „Ich fühle mich so durcheinander und schlecht. Ich weiß nicht mehr, was ich gerade mache und in welcher Raka ich bin." Mit diesen störenden Gedanken gab ich meinen Gruß nach rechts und nach links und beendete mein Gebet vorzeitig.

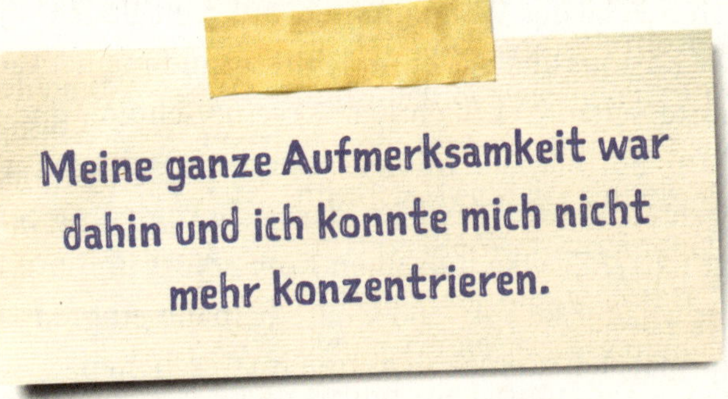

Verwirrt schüttelte ich meinen Kopf. Ich war komplett aus dem Konzept. „Es fühlt sich gar nicht so an wie noch eben bei Asr. Ich fühle das Gebet nicht. Mein Zustand ist anders... Das ist ja erstaunlich", sagte ich verblüfft und entsetzt zugleich. Der Blick meines Vaters fing mich wieder ein: „Mein Liebes, du hast ja auf einer unsauberen Fläche gebetet. Warum denn? Wir haben doch den Gebetsteppich. Warum wolltest du unbedingt dort beten?", fragte mein Vater rätselnd. Total verwirrt antwortete ich teils stotternd: „J-ja, ees ist so komisch. Ich wollte ausprobieren, wie es ist, wenn man auf einer schmutzigen Fläche betet. Aber irgendwie konnte ich mein Gebet nicht zu Ende bringen." Ein ganz sanftes und herzliches Lächeln machte sich im Gesicht meines Vaters breit. Er erklärte mir besinnend: „Ich finde es wirklich toll, wie neugierig und forschend du an diese Sache herangehst. Das hast du gut gemacht. Du fragst dich also, warum wir unbedingt auf die Sauberkeit vor und während des Gebets achten sollen? Habe ich das richtig verstanden?" – „Nein, nicht ganz", antwortete ich. „Ich finde es nur merkwürdig, warum wir uns nach dieser Sauberkeit so fühlen, als hätten wir eine Last abgelegt. Da gibt es so ein erstaunlich befreiendes ‚Etwas'. Das verstehe ich nicht ganz. Woher kommt dieses Gefühl?" Nickend bestätigte mein Vater die Frage und fuhr fort: „Die Gebetswaschung, die ganze Vorbereitung was unsere Kleidung und unseren Gebetsort angeht, sind nicht nur eine Sache reiner Sauberkeit. Da steckt etwas viel Tieferes dahinter. Im Grunde genommen sind Gebetswaschung, saubere Kleidung, Stuhlgang und der saubere Gebetsort eine Vorbereitung. Ja, man kann sagen, sie sind die Absicht vor der Absicht." – „Was heißt das denn jetzt?", fragte ich etwas verwirrt und neugierig.

Mein Vater sagte weiter: „Das heißt, diese Dinge sind der erste Schritt, um das Gebet zu beginnen. Wenn du zum Beispiel Hausaufgaben machen möchtest, worauf achtest du vorher, um beispielsweise nicht abgelenkt zu werden, dich besser zu konzentrieren oder damit dir die Aufgabe etwas erleichtert wird? Fällt dir da etwas ein?" – „Hmm... Ich räume zum Beispiel meinen Arbeitstisch frei, lege die Sachen auf den Tisch, die ich brauche. Ich setze mich an meinen Arbeitstisch, auf meinen Arbeitsstuhl, damit mein Rücken gut abgestützt ist; ich schalte mein Handy aus oder lege es weg, damit ich nicht abgelenkt bin. Dann bin ich nämlich schneller fertig, weil ich nicht unterbrochen werde." – „Super! Sehr gut! Da haben wir ja einiges. Genauso ist es mit dem Wudu und der Reinheit in unserer Religion. Vor dem Gebet bereiten wir uns mental darauf vor. Wir fokussieren uns auf das, was wir gleich

Vor dem Gebet bereiten wir uns mental darauf vor. Wir fokussieren uns auf das, was wir gleich machen werden, auf das Gespräch mit Allah. Also dient die Reinheit einem sinnlichen Zweck und der Vorbereitung der eigentlichen Sache.

machen werden, auf das Gespräch mit Allah. Also dient die Reinheit einem sinnlichen Zweck und der Vorbereitung der eigentlichen Sache. Du hast eine Kamera auf deinem Handy. Was machst du, wenn du auf einem Bild ein besonderes Detail hervorheben möchtest? Du möchtest also, dass ein bestimmtes Element im Vordergrund steht. Wie machst du das?“

Aufmerksam hörte ich meinem Vater zu und war über die Frage sehr erstaunt. Sie war aber für mich natürlich sehr leicht zu beantworten: „Ach, das ist einfach! Ich zoome genau auf dieses Detail und fokussiere die Kamera darauf. Ist doch klar.“ – Ein Moment der Stille… „Was hat das jetzt aber mit unserem Thema zu tun?“, fragte ich mich. Ich versuchte zu verstehen, was mein Vater damit meinte. Plötzlich kam mir ein Gedankenblitz: „Ja, natürlich! Ich glaube, ich verstehe jetzt. Mit dem Wudu bin ich nicht nur sauber, sondern fühle mich befreit, weil ich mich auf etwas vorbereite, mich genau auf eine Sache, auf etwas Wesentliches konzentriere. Ich fokussiere damit eigentlich mich, meine Sinne und meine Gedanken. Und weil ich mich auf etwas Wesentliches konzentriere, lege ich alles andere ab. Deswegen fühle ich mich so befreit und erleichtert, stimmt's Baba?“ – „So ist es. Mit der rituellen Reinheit heben wir hervor, was wahr, schön und gut ist. Der Rest fällt ab. Es tropft mit dem Wasser zusammen herunter. Reinheit ist die Brille, durch die wir schauen müssen. Diese Brille muss sauber sein, damit wir klar sehen und Dinge richtig einordnen können.“

Diese Erkenntnis sorgte für ein freudiges Lächeln auf meinem Gesicht. Das war mir so noch nicht bewusst. Allah ist großartiger als wir denken! Er reinigt mich nicht nur. Er gibt mir Erleichterung und befreit mich von allen Dingen, die sich im Laufe des Tages, ja während meines Lebens anhäufen, mir zur Last fallen oder mich erschöpfen...

Ich fokussiere mich wieder und erinnere mich daran, dass diese ganzen Lasten vergänglich sind – und das so oft am Tag, da ist ja wirklich kaum Freiraum, um die Orientierung zu verlieren. Ich spüre und denke wieder stärker daran, dass Allah alles in die Wege treibt und nur er alle Last aufheben kann. Ich erfrische mich, meine Organe und vor allem meine Sinne und meine Gedanken. O Allah, ich bin dir so dankbar für deine liebevolle Umarmung und deinen stärkenden Beistand…

Festtage

Der Mensch hat einige Tage im Leben, die er vielleicht anders als die gewöhnlichen Tage verbringt. Beispielsweise gibt es im Jahr Geburtstage unserer Liebsten oder manche Tage, die uns an etwas Besonderes im Leben erinnern. Einen Abschluss, der Tag unserer ersten Umra oder Hadsch, Tage des Wiedersehens oder unsere Reisetage an bestimmte Urlaubsorte. Das Ramadan- und Kurbanfest vor allem sind spezielle Tage. Dazu zählen auch die Tage davor.

Wir kennen das alle: Wenn mal Bayram ist, dann geht es im Haus drunter und drüber. Mindestens eine Woche vor dem eigentlichen Fest beginnt der Marathon. Wir dürfen nicht auf den Sofas sitzen, weil sie frisch gewaschen und deswegen feucht sind. Die Teppiche dürfen wir nicht ohne Hausschuhe betreten. Sie sind natürlich auch feucht. Überall riecht es rein und sauber. Nach der Schule möchte man sich eben ein wenig Freizeit gönnen. Aber was passiert? Alle Gardinen sind ab. Es fühlt sich so an, als hätte die Schildkröte ihren Panzer abgesetzt und würde bloß dastehen. Dann denkt man sich: „Ok, bis die Gardinen wieder hängen, erledige ich meine Schulsachen." Und siehe da! Im Zimmer ist nichts mehr da, wo es einmal war. Der Arbeitstisch ist nicht mehr im Zustand, in dem wir ihn zurückgelassen haben. Dann kommt noch

Mama und sagt, dass wir das ein oder andere dorthin bringen sollen und das nächste hier abstellen sollen. Und und und... Soo viel Hektik und soo viel Aufwand. Puuh, echt mühsam! Das ist wirklich nervig und anstrengend, stimmt's?

„Mmmh, das riecht ja fabelhaft.“ Jeder von uns kennt die schönen Gerüche aus der Küche. Neben dem ganzen Drunter und Drüber gibt es herzhafte und süße Leckereien für die Familie und Gäste. Die besten Kleidungsstücke werden ausgesucht oder man besorgt sich neue Kleidung für diesen besonderen Tag. Am Abend vor dem Festtag werden sie noch fein gebügelt und zurechtgelegt. Und das alles nur für diesen einen Festtag. „Das ist doch verrückt oder nicht?“

Aber das Gefühl am Festtag ist uns vertraut: Von der Müdigkeit keine Spur. Es ist eher ein Gefühl der Leichtigkeit und Freude. Ja, ein Alles-Hat-Sich-Gelohnt-Gefühl. Dazu kommt noch die Aufregung, Bekannte, Freunde, Familie und vertraute Gesichter beim Festtagsgebet in der Moschee zu treffen. Es ist eine Vorbereitung auf etwas, was uns Glück empfinden lässt, sich definitiv lohnt und bei der die ganze Erschöpfung verschwindet. Es ist alles bereit, alles ist rein und in Ordnung und wir können mit Wohlempfinden jeden Besucher empfangen.

**Wieso ist das eigentlich so?
Warum macht uns so eine Vorbereitung
im Nachhinein glücklich?**

Klare Sicht und Erkennen

„Ach Mist!“, hüpfe ich plötzlich auf. „Mein Auge. Ich habe etwas im Auge!“ Lauthals schreie ich los, als ich an ihrem Schreibtisch saß und meine Tasche für morgen vorbereitete. Während ich mich auf den Boden kniete, versuchte ich mein Buch einzupacken. Ich zog es vom Schreibtisch herunter. Da ist es passiert! „O Zeynep, Schatz. Was ist passiert?“, lief meine Mutter voller Besorgnis zu mir und nahm mich in den Arm. Ich drücke mein rechtes Auge fest zu: „Ich habe etwas im Auge. Das tut so weh“, sagte ich mit trauriger Stimme. „Zeig mal her!“ Vorsichtig zog meine Mutter meine Augenklappen auseinander und pustete leicht in mein Auge: „So müsste es etwas besser sein. Ist es weg?“, fragte sie mich. Nach mehrmaligem Zwinkern und einigen Tränen antwortete ich voller Erleichterung: „Was war das denn! Das hat echt geschmerzt. Ich konnte mein Auge kaum öffnen.“ Gemeinsam schauten wir uns um, aber sahen nichts Konkretes. Da entdeckte Mama plötzlich ein winziges, kleines und dünnes Wimpernhärchen auf meiner Wange: „Aa, da haben wir es!“, sagt sie lächelnd und mit spaßiger Stimme, um mich vom Schmerz etwas abzulenken. „Schau mal meine Liebe. Dieses kleine Wimpernhärchen war es. Ganz klein und zierlich. Da ist kein Grund zur Sorge“, fuhr sie fort.

Wie empfindlich doch das Auge ist. So etwas Kleines, eine Wimper kann Schreck und Schmerz verursachen. Das faszinierte mich. Ich wollte mehr darüber erfahren und fragte neugierig: „Aber Mama, wie kann so ein kleines Härchen sich so unangenehm anfühlen und schmerzen?“ Das Härchen spürt man auf der Wange gar nicht. Man merkt noch nicht mal, dass Wimpern am Augenlied hängen. Sie sind leicht wie Luft, unauffällig. Sie stören gar nicht und sie sind nicht hart wie manch andere Gegenstände. Ich konnte mein Staunen nicht zurückhalten und fragte interessiert weiter: „Mama, ist das Auge so sensibel, dass es sogar auf so etwas Kleines total heftig reagiert?“ Meine Mama lächelte mich an und gab mir einen Kuss auf die Wange. „Ich komme sofort“, sagte sie und ging in die Küche. Sie holte ein durchsichtiges, rundes Gefäß. „Schau, stellen wir uns vor, dass dies unser Auge wäre“, fing sie an zu erzählen. „Dieses Gefäß ist jetzt sauber und klar. Genau wie unser Auge es auch ist. Wir können durchschauen und sehen alles sehr deutlich.“ Sie nahm etwas Blumenerde aus der Küche und streute sie auf das Gefäß: „Und jetzt? Was siehst du jetzt?“ – „Da kann man fast nichts mehr sehen. Die Blumenerde stört meinen Blick.“ – „Genau! Denn das Gefäß ist jetzt beschmutzt. Was denkst du, wie können wir es wieder sauber bekommen?“, fragte sie mich. Ich überlegte kurz: „Wasser! Wir können es mit Wasser ausspülen. Aa, ich hab's! Eigentlich könnten wir die Erde auch mit einer kleinen Bürste wegfegen. Das würde auch gehen“, rief ich voller Eifer und Aufregung. „Richtig, mein Schatz, maschallah! Das sind sehr gute Ideen. Komm, wir probieren es mal aus.“ Mama gab mir eine kleine Bürste. Mit kreisenden Bewegungen wischte ich die Erde weg: „Ja, jetzt ist es wieder sauber. Ich kann wieder hindurchsehen.“ Meine Neugier war aber noch nicht verschwunden. Ich versuchte zu verstehen, was das jetzt mit dem Auge zu tun hat. Da muss es irgendeine Verbindung geben.

„Mama, ist das Auge so sensibel, dass es sogar auf so etwas Kleines total heftig reagiert?“

Mit fragenden Augen schaute ich zu meiner Mutter: „Mama, gibt es für unser Auge auch einen Besen? Das wäre cool, wenn das wirklich so wäre. Und was ist eigentlich mit Wasser? Wir weinen ja manchmal, aber nicht immer.“ Behutsam nahm meine Mama das Gefäß und die Bürste aus meiner Hand und legte sie beiseite. Sie richtete sich zu mir und schaute mich mit einem glücklichen, strahlenden Blick an: „Mein Liebling, unser Auge kann das sogar viel besser. Allah, unser barmherziger Schöpfer, hat unser Auge so toll und einzigartig erschaffen; das ist einfach nur erstaunlich." Bevor sie weitererzählte, hüpfte sie plötzlich vom Zimmerboden auf und griff nach dem Handspiegel auf dem Nachttisch. Wir schauten gemeinsam unsere Augen etwas näher an: „Du hast ja gesagt, dass man den Schmutz mit einer Bürste säubern kann. Siehst du vielleicht so etwas Ähnliches wie einen Besen an deinem Auge?" Ich näherte mich dem Spiegel und hielt ihn ganz nah an mein Auge: „Meine Wimpern! Stimmt's, meine Wimpern sehen aus wie ein Besen", sprach ich laut und aufgeregt. Um meine Antwort zu bestätigen, nickte sie. Zuvor hatte ich nie darüber nachgedacht, es ist mir nie aufgefallen. Aber meine Wimpern sahen wirklich aus wie ein Besen.

Meine Spannung und Neugier stiegen immer weiter an. Das mit dem Besen hätten wir geklärt. Aber wie funktioniert das Ganze überhaupt? Verschiedene Gedanken gingen durch meinen Kopf. Ich konnte es kaum abwarten. Es war so spannend. „Ja, mein Liebling. Unsere Wimpern sehen nicht nur aus wie ein Besen, sie funktionieren sogar so. Bevor wir überhaupt etwas ins Auge bekommen, fegen sie alles, was unser Auge stören könnte, weg. Unsere Augenbrauen machen das genauso. Wenn wir zum Beispiel schwitzen, stoppen sie die Schweißtropfen, die von unserer Stirn herunterfließen." Während Mama erzählte, glitt ich mit meinen Fingern über meine Augenbrauen. Ich bin total fasziniert! „Wow! Das ist wirklich heftig! Also, bevor ich so etwas wie eben ständig erlebe, schützt Allah mein Auge immer wieder, den ganzen Tag?" – „Ja, genau das! Sonst hätten wir wirklich ziemliche Schwierigkeiten." Ich überlegte einen Augenblick. Das hatte ich am Leib erlebt. Ich konnte mein Auge kaum öffnen, ich hatte Schmerzen und konnte für eine Weile nicht genau sehen. Ich war eigentlich nur damit beschäftigt, dieses komische und stechende Gefühl in meinem Auge loszuwerden. „Wie wichtig es doch ist, dass mein Auge sauber bleibt", bestätigte mich meine innere Stimme.

Die zarte Stimme meiner Mutter unterbrach meine Gedanken. Berührt und voller Bewunderung sah sie mich an: „Allah ist so barmherzig zu uns. Er möchte, dass wir es einfach im Leben haben. Würden wir ständig irgendetwas im Auge haben und könnte sich unser Auge nicht säubern, würden wir zum Beispiel ständig stolpern." Die Dankbarkeit meiner Mutter war in ihrer Stimme und ihrem warmen Blick zu spüren. Vertieft in diesen Augenblick, fiel mir plötzlich etwas auf: „Mama, wir haben das Wasser vergessen. Da war doch etwas mit Wasser in unserem Auge?" Durch meine helle Stimme und meine zappeligen Hände etwas erschrocken, erklärte sie mir: „Genau, wir hätten es beinahe vergessen. Schau mal, sobald wir mit unseren Augen blinzeln, werden sie befeuchtet. Und überleg mal: Wir blinzeln ständig mit den Augen, das hört nie auf. Dafür brauchen wir nicht etwas im Auge zu haben. Neben, unter, in und um unser Auge sind so viele kleine Wasserkammern. Das nur, damit unser Auge nicht austrocknet und sich ständig säubern kann. Falls sich ein kleiner Unfall ereignet, tränen unsere Augen automatisch mehr." – „Damit kleine, fremde Teilchen rausgespült werden", führte ich ihren Satz fort. „Allah ist so mächtig, Mama. Er hat das alles perfekt durchdacht. Obwohl wir ihn nicht darum baten. Wir haben auch nichts dafür bezahlt und tun das unser ganzes Leben lang nicht. Allah muss uns wirklich sehr lieben."

Wie das Auge besitzt die gesamte Schöpfung ein Reinigungssystem. Allah behält alles in einem ständig währenden Prozess der Reinigung.

Wie das Auge besitzt die gesamte Schöpfung ein Reinigungssystem. Allah behält alles in einem ständig währenden Prozess der Reinigung. „Aber da ist doch so viel Schmutz auf der Erde", mag man sich denken. Das ist nicht ganz verkehrt. Wir als Menschen produzieren ständig Abfall, Abgase, Müll und anderes Schädliches. Eigentlich erkennen wir genau daran, dass Allah beständig alles reinigt. Das klingt scheinbar widersprüchlich, nicht wahr? Es ist ganz einfach. Überlegen wir einmal: Wenn nämlich trotz des ständigen Mülls die große Reinigungsanlage Allahs nicht funktionieren würde, was würde passieren? Alle Lebewesen und wir hätten niemals bis heute überleben können. Als Beispiel können wir den Wald nennen. Dort sterben regelmäßig so viele Tiere. In den Wäldern ist aber gar kein Dreck zu sehen, stimmt`s? Da sind beispielsweise die ganzen zahlreichen Fabriken auf der Erde, die sehr viele Abgase in die Luft geben. Würden wir all diese giftigen Gase konzentriert einatmen, endete es nicht gut mit uns. Allah verteilt die Gase mit dem Wind. Dadurch haben wir saubere Luft, die wir einatmen können. Reinheit und Reinigung sind eine Gewohnheit Allahs, die überall in der Schöpfung sichtbar wird. Als Muslime nennen wir das Allahs Sunna. Was hat das mit unserer persönlichen Reinigung zu tun? Und noch interessanter: Inwiefern ist unsere Ibâda damit verbunden? Schauen wir uns das näher an.

Reinheit und Reinigung sind eine Gewohnheit (Sunna) Allahs, die überall in der Schöpfung sichtbar wird.

Auf der Autobahn Richtung Dortmund. Das Wetter ist sonnig und der Himmel wolkenlos. Ich befinde mich auf dem Weg zum Masdschid. Dort gibt es heute einen Vortrag. „Der Inhalt wird bestimmt sehr interessant", dachte ich mir, als ich die Überschrift auf dem Flyer las. „Der Prophet (s) und seine jungen Freunde'. Schönes Thema! Die meisten seiner Freunde waren relativ jung, nicht wahr?“, fragte mich meine Freundin, die ich auf dem Weg Richtung Masdschid abholte. „Ja, das stimmt. Ich glaube sogar Arkâm (r) war ein 18-jähriger Jugendlicher. Er hatte seine Wohnung unserem Propheten (s) zur Verfügung gestellt. Dort konnte er (s) mit seinen Freunden in Ruhe Koran lesen, lernen und sich austauschen.“ – „Aah, genau. Mein Vater hatte mir das mal erzählt. Und unsere Sohbets[15]? Meinst du die reichen bis dahin zurück?“ – „Ja, das tun sie. Es ist das gleiche Prinzip.“

Während unseres Gesprächs auf der Autobahn wurde es draußen allmählich düster und dunkel. Kurz vor dem Ziel sammelten sich graue Wolken am Himmel. Einige Augenblicke später fing es dann an heftig zu regnen. Die Regentropfen schlugen so stark und dicht an die Fensterscheibe, dass mir die Sicht beinahe versperrt wurde. Da kamen noch die schlammigen Spritzer der vorderen Autos hinzu. Nur langsam kam ich voran. Um die Straße noch sehen zu können, musste ich sehr aufpassen. „Oh, das ist ein heftiger Regen“, sagt meine Freundin mit erstaunter und etwas besorgter Stimme. „Siehst du überhaupt noch etwas?“ – „Also sobald die Scheiben einigermaßen klar sind eigentlich schon“, erwiderte ich und versuchte mich auf den Weg zu konzentrieren. „Huu, zum Glück ist es nicht mehr so weit. Wir sind gleich da, alhamdulillâh.“

Heil im Masdschid angekommen war ich in Gedanken vertieft. Der starke Regen und die eingeschränkte Sicht hatten mich zum Nachdenken gebracht. Um den Weg überschauen zu können, ohne dass etwas aus dem Ruder gerät, war eine klare Sicht so wichtig. Ja und damit man nicht vom Weg abweicht, die Route bewahren kann, sich auf das Ziel konzentrieren kann und das Ziel nicht verfehlt. „Die Scheibenwischer. Ohne die Scheibenwischer

---

15 Theologische Gesprächskreise, die in einer Wohnung veranstaltet werden.

könnten wir nichts sehen. Wie gut, dass sie da sind“, sprach ich plötzlich und unerwartet zu meiner Freundin, die dabei war, ihre Tasche zu richten und aus dem Auto zu steigen. Mit einer schnellen Bewegung drehte sie ihren Kopf zu mir und schaute mich mit einem schmunzelnden Blick an: „Ehm, ja. Ich denke schon. Aber wie kommst du jetzt darauf?“ – „Weißt du, ließe sich die Scheibe nicht abwischen, würden wir nicht vorankommen können. Egal wie frei der Weg ist oder wie gut mein Auto ist, wie gesund ich bin und wie gut ich mein Auto bedienen kann. Das hat mich daran erinnert, wie wichtig Reinlichkeit für die Sicht ist“, antwortete ich dankbar und erkennend. Sie nickte etwas verwirrt: „Da hast du zwar recht, aber wenn wir uns jetzt nicht in Richtung Masdschid begeben, verpassen wir den Anfang.“ – „Komm! Wir müssen los. Und vergiss nicht den Schirm.“

So wie das Auto nicht ohne Scheibenwischer auskommen kann, können wir Muslime und alle Menschen nicht ohne Sauberkeit auskommen. Es geht dabei vor allem darum, nicht nur den Schmutz zu reinigen. Vor allem geht es um das Fokussieren und Konzentrieren. Durch die rituelle Waschung (Tahâra und Wudu) halten wir uns auf der Route und bereiten uns auf den Weg vor. Wir beseitigen zum Beispiel den Schmutz auf unserer Kleidung, säubern uns nach dem Stuhlgang, halten die Toilette sauber, waschen uns vor dem Pflichtgebet. Wir tun das nicht, weil wir schmutzig sind. Das Reinigen erinnert uns vor allem an unsere reine und edle Beschaffenheit. Die Erinnerung unterstützt uns darin und macht es einfacher uns auf unseren Weg und unser Ziel zu konzentrieren. Was ist dieser Weg? Was ist überhaupt unser Ziel? Darauf könnten wir einerseits individuell ant-

Das Reinigen erinnert uns vor allem an unsere reine und edle Beschaffenheit.

worten: Der Beste in einem Beruf sein, gut aussehen, das neueste Handy besitzen, beim Spielen jeden besiegen und und und... Aber gibt es jenseits dieser Dinge nicht noch mehr?

Bevor wir uns der Frage im Detail widmen, lasst uns einen kurzen Trip in die Vergangenheit machen. Was bedeutet es, sich vom Schmutz reinzuhalten? Anders ausgedrückt: Was passiert, wenn Schmutz ein Dauerzustand wird?

Früher gab es Zeiten, in denen Menschen sich nur sehr selten wuschen. Das Duschen oder Baden im warmen Wasser war nicht üblich. Überhaupt eine Dusche oder einen Ort zum Baden waren nicht selbstverständlich. Es gab lediglich Badestuben, in denen bis zu 15 Leute gleichzeitig badeten. Das Baden im warmen Wasser galt einst sogar als verrückt oder krank. Du fragst dich warum? Warmes Wasser zum Baden oder Duschen klingt doch eigentlich ganz gut. Früher wurde warmes Wasser aber als Gefahr für den Körper angesehen. Heute können wir uns eine Wohnung ohne Badezimmer und Warmwasser gar nicht vorstellen. Der Gedanke erscheint uns ziemlich verrückt.

Man mag sich jetzt denken: „Ist das wirklich passiert? Das ist doch erfunden! Wie kann man nur?! Oh man, ist das eklig!"

Im Mittelalter war das in Teilen Europas Alltag. Es breitete sich die Pest aus. Viele Menschen starben. Es war eine Zeit, in der Menschen den Dreck einfach auf der Straße liegen ließen. So intensivierte sich der unangenehme Geruch. Die Leute wuschen sich nicht und hielten sich vom Wasser fern. Das hieß natürlich, dass sie sich einige Tricks einfallen lassen mussten, um mit diesem Dreck und Schmutz einigermaßen leben zu können oder die unangenehmen Gerüche irgendwie zu überdecken. Wie sollte das gutgehen? Je mehr Dreck und Schmutz und je weniger Hygiene, desto mehr Probleme.

Überlegen wir mal: Dauerhafter Schmutz schadet nicht nur unserer Gesundheit. Das ist im schlimmsten Fall mit viel Leid verbunden. Es könnte sein, dass man weiterlebt, aber in welchem Zustand, zu welchem Preis? Ließe sich dasselbe von der Lebensqualität und Moral behaupten? Wenn überall nur Dreck und Schmutz ist, hat es dann noch einen Sinn beispielsweise gute Kleidung zu tragen? Könnten wir dann das Essen und die schönen Gerüche in der Natur genießen? Und die Erde? Kann sie dann noch gut für die Lebensmittel sein, die in ihr gedeihen? Das Wasser, das wir so gerne trinken, die Tiere? Was ist mit den Tieren?

Diese Liste könnte unendlich fortgeführt werden. Die Antwort ist aber klar: Ohne Sauberkeit und ohne Vermeidung von Schmutz und Dreck wird alles ungenießbar. Der schöne und erfrischende Geruch der Meere, die wundervollen, zarten Gerüche der Blumen, die schönen, vielfältigen Farben der Natur und die entspannenden und rauschenden Laute in den Wäldern. Alles würde zugrunde gehen. Das wäre wirklich schade, oder?

Reinheit und Moral

„Hmm, ist das lecker“, denke ich mir, als ich das letzte Stück meiner Lieblingsschokolade gerade in den Mund nehme. „Das war lecker.“ Währenddessen knittere ich die Verpackung der Schokolade zusammen. Suchend schweift mein Blick auf der Straße entlang und ich murmele vor mich hin: „Schauen wir mal... Hier müsste doch eine Mülltonne sein.“ Während ich noch suche, sehe ich plötzlich meine Freundin auf der anderen Straßenseite in meine Richtung kommen. Wir hatten uns verabredet, um gemeinsam spazieren zu gehen. „Salâm alaykum!“, ruft sie freundlich und munter. „Ich hoffe, ich habe dich nicht zu lange warten lassen. Doch ich sehe, du hast die Wartezeit genossen“, sagte sie scherzend. Lächelnd schaue ich sie an und reiche ihr ein Stück Schokolade. Als sie die Schokolade dankend annimmt, schaue ich mich weiter nach einer Mülltonne um: „Ich schaue nach einer Mülltonne. Möchte die Verpackung entsorgen." – „Eine Mülltonne habe ich nicht gesehen. Aber schau mal, da kannst du deinen Müll auch hinwerfen.", sagte meine Freundin. Mit suchenden Blicken versuchte ich der Richtung zu folgen, in die sie mit ihren Fingern wies. Ein paar Meter vor uns am Straßenrand bemerkte ich einen kleinen Hügel. „Oh, das ist ja Abfall", sagte ich entsetzt. Hysterisch ging ich auf und ab: „Da kann man doch keinen Müll hinwerfen! Was soll das denn!"

Ich hatte mich so sehr aufgeregt, dass mir warm um die Ohren geworden war. Meine Freundin versuchte mich zu beruhigen: „Hey! Ganz easy, Liebes. Alles okay! Wahrscheinlich hat jemand dort seinen Müll einfach abgelegt und andere machten es ihm nach. Du hast aber natürlich recht. Jetzt liegt da so viel Dreck herum. Und das mitten auf dem Gehweg. Das stinkt wirklich schrecklich."

Wir brauchen die Reinlichkeit und Sauberkeit, um unsere wertvollen Eigenschaften bewahren zu können.

Was passiert, wenn Dreck und Schmutz sich anhäufen? – Höflichkeiten, Achtsamkeit und unsere Moral leiden darunter. Man mag dann öfter dazu neigen zu denken: „Es ist sowieso egal, ob man auf Höflichkeiten und Umgang miteinander, mit der Natur und Tieren achtet." Deswegen ist die Reinlichkeit eine Voraussetzung für unsere Menschlichkeit und ein Pfeiler für Manieren und Sorgfalt. Ein verschmutztes Kleidungsstück würde keiner von uns gern anziehen wollen, ohne es vorher gewaschen zu haben. Wir würden uns eher schämen und die Stellen verdecken wollen, damit andere sie nicht sehen. Das heißt: Je mehr Unreinheit, desto schneller nimmt unsere Achtsamkeit im Verhalten ab. Wir brauchen die Reinlichkeit und Sauberkeit, um unsere wertvollen Eigenschaften bewahren zu können. Ein freier Kopf erlaubt es uns, unsere Aufmerksamkeit auf die Schönheit im Auftreten und Verhalten zu lenken. Unreinheiten würden unsere Aufmerksamkeit in Anspruch nehmen und wir wären mit dem Bedecken vom Schlechten beschäftigt, statt Schönes zu fokussieren.

Aus diesem Grund gefällt Allah die Reinheit. Ihm gefällt das, was uns dabei hilft unsere Menschlichkeit auszubilden. Bevor wir überhaupt richtig schmutzig oder dreckig werden, sagt uns Allah, dass wir uns „reinhalten“ sollen. Unsere Kleidung, unseren Gebetsort, unser Körper sollen rein sein, damit wir unsere Sicht für die Schönheit nicht versperren. Wir besinnen uns mit unserer Tahâra[16] und unserem Wudu vor dem Gebet auf „reine“ Absichten. Wir sagen quasi: „Meine Ibâda führe ich aus, um reinlicher zu leben.“ Was bedeutet „reinlicher leben“? Und was hat das mit dem Pflichtgebet zu tun?

Im edlen Koran sagt Allah: **„Trage vor, was dir von dem Buche offenbart wurde und verrichte das Gebet. Wahrlich, das Gebet hält ab von Schamlosigkeiten und Schlechtem. Und Allahs zu gedenken ist gewiss größer. Und Allah weiß sehr wohl, was ihr macht.“**[17] Diese Stelle drückt deutlich aus: Unser Pflichtgebet soll uns von schlechten und hässlichen Taten fernhalten. Das heißt, unser Wudu und Pflichtgebet erinnern uns daran, gut und schön zu handeln. Dazu sagt Allah konkret: **„Hast du**

16 Rituelle Reinheit
17 Sure Ankabût, 29:45

den gesehen, der das (letzte) Gericht (im Jenseits) leugnet? Das ist der, der die Waise wegstößt und nicht zur Speisung des Armen anspornt. Wehe denjenigen Betenden, die (bei der Verrichtung) ihres Gebets nachlässig sind, die (nur dabei) gesehen werden wollen und die Hilfeleistung verweigern."[18]

Das bedeutet: Wenn mit unserem Wudu und Gebet alles stimmt, sich aber unser Benehmen und Verhalten nicht verschönern, dann passt das nicht zusammen. Dann muss etwas schiefgelaufen sein. Es kommt auf die Einstimmigkeit und das Zusammenspiel beider Komponenten an. Deswegen sind sie eng aneinander verknüpft. Was schließen wir daraus?

Wudu und Gebet sollten dazu führen, unser Herz, unsere Gedanken, unsere Gefühle, unser Denkvermögen und unser Verhalten „rein zu halten". Somit haben wir den ultimativen Baustein! Dann ist es für uns viel einfacher, achtsam zu handeln und zu bleiben. Es hält uns von Unreinheiten wie zum Beispiel Unhöflichkeit, Ungerechtigkeit, Betrug, Diebstahl, Lügen, Hochmut, Grausamkeit, Rücksichtslosigkeit und vielem anderen fern. Es wäre doch komisch, wenn es nicht so wäre, oder?

Wenn mit unserem Wudu und Gebet alles stimmt, sich unser Benehmen und Verhalten aber nicht verschönern, dann passt das nicht zusammen.

18 Sure Maûn, 107:1-7

„Mach mit
der Gebetswaschung
dich rein, dann wird dein
Charakter schöner
sein."

Stellen wir uns vor... Wir mischen Eier, Mehl, Zucker und andere Zutaten lecker zusammen. Das gießen wir in eine Backform, stellen den Ofen ein und schieben die Form hinein. Et voilá! Nach ca. 50 Minuten Backzeit öffnen wir die Tür. Und was sehen wir? Ups! Die Form ist leer. Das ist ziemlich ärgerlich. Der Kuchen ist irgendwie verschwunden. Wir hatten uns aber etwas ganz anderes erhofft. Mit der leeren Form kann man jetzt aber nichts mehr anfangen. Zumindest können wir keinen leckeren Kuchen essen und mit unseren Liebsten teilen. So ähnlich verhält es sich mit der Gebetswaschung und unserem Pflichtgebet: Formelles geht schnell verloren, wenn wir den Sinn und Zweck verpassen. Unreinheit ist keine individuelle Sache. Sie geht jeden etwas an und betrifft jeden. Ist das Trinkwasser zum Beispiel so verschmutzt, dass man es nicht mehr trinken kann, leiden nicht nur wir darunter. Die Fische im Meer, die bepflanzte Erde, die Tiere, die Luft und Pflanzen... Alle leiden gemeinsam darunter. Das Motto lautet also: „Mach mit der Gebetswaschung dich rein, dann wird dein Charakter schöner sein." Und so macht das Leben viel mehr Freude. Gerüstet gegen Schmutz aller Art und fokussiert auf das Gute und Schöne. In diesem Sinne lehren die muslimischen Gelehrten: „Eine gut und angemessen ausgeführte Gebetswaschung hält den Menschen von Schlechtigkeiten fern."

WUDU / ABDEST

Gebetsreinigung

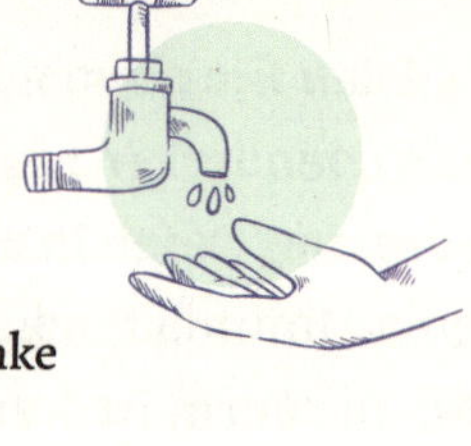

- Absicht fassen, Basmala sprechen
- Hände waschen, einschließlich der Handgelenke – Zwischenräume nicht vergessen
- 3x Mund ausspülen
- 3x Nase ausspülen
- 3x Gesicht waschen
- 3x erst rechter Arm, einschließlich Ellenbogen, dann 3x linker Arm
- Kopf befeuchten
- Ohren innen und außen
- Über den Nacken steichen
- 3x erst rechter Fuß, einschließlich Fußgelenk, dann 3x linker Fuß

GUSL

Ganzkörperreinigung

- Absicht fassen, Basmala sprechen
- Vor dem Gusl erst Wudu vornehmen
- Den Schambereich waschen
- Nach dem Wudu zuerst 3x über den Kopf und jeweils 3x über die rechte, dann über die linke Schulter Wasser gießen
- 3x Mund ausspülen
- 3x Nase ausspülen
- Den ganzen Körper waschen (es darf keine trockene Stelle übrigbleiben)
- Während dem Waschen den Körper abreiben
- Bei Wasseransammlung die Füße zum Schluss waschen

TAYAMMUM

Gebetsreinigung, wenn kein Wasser zur Verfügung steht

- Absicht fassen, Basmala sprechen
- Mit den Händen die trockene Erde (oder Ziegelsteine) berühren
- Beim Klopfen auf die Erde

→ die Hände nach vorne schieben,

→ dann die Hände nach hinten ziehen,

→ dabei Finger spreizen.

- Hände seitlich gegeneinanderschlagen
- Restliche Erde abklopfen
- Über das Gesicht streichen
- Über Arme bis einschließlich den Ellenbogen streichen
  Reihenfolge einhalten

DAS GEBET

Mein Gebetsteppich

Leichte Kopfdrehung zur rechten Schulter: „Assalâmu alaykum wa rahmatullâh." Leichte Kopfdrehung zur linken Schulter: „Assalâmu alaykum wa rahmatullâh."

Nach einem stressigen Tag habe ich in meinem Nachmittagsgebet die ersehnte Erfüllung gefunden. Meine Gefühle sind im Gleichgewicht. Mit dem Tasbîh und meinem Duâ fahre ich fort: „Amin!" Ich streiche meine beiden inneren Handflächen zart über mein Gesicht.

Ich spüre wie eine umarmende Wärme durch meine Adern fließt. Die einzelnen Worte in meinen Bittgebeten reichen tief in mein Inneres. Sie berühren jede einzelne noch so kleine Zelle und füllen sie mit gesegnetem Licht.

Während ich mich erhebe, greife ich nach meinem Gebetsteppich auf dem Boden. Ich falte ihn behutsam zusammen und lege ihn auf den Stuhl neben meinem Arbeitstisch. Mein Blick schweift über den Stuhl hinauf zur Wand bis zum Spiegel. Dieser befindet sich etwas weiter oberhalb des Stuhls. Umrahmt mit einem runden Metallgestell fängt der Spiegel kurz meinen Blick ein. Flüchtig betrachte ich mein Kopftuch und richte es noch ein wenig. Schaue noch, ob alles passend ist und wende mich schnell wieder ab: „Da wartet viel Papierkram auf mich."

Die einzelnen Worte in meinen Bittgebeten reichen tief in mein Inneres. Sie berühren jede einzelne noch so kleine Zelle und füllen sie mit gesegnetem Licht.

Mit der Absicht mich an meinen Arbeitstisch zu setzen, bleibe ich plötzlich stehen. Ich wende mich wieder dem Spiegel zu und kann nicht anders, als erneut kurz mein Gesicht zu betrachten. Der Anblick erinnert mich diesmal für einen kurzen Moment an damalige anstrengende und schmerzhafte Zeiten. In der Schule, unter Freunden und Bekannten, unterwegs in der Stadt.

Das Mädchen mit dem erschreckenden Feuermal im Gesicht. Ich sehe anders aus als alle anderen. Jeder scheint normal zu sein, aber ich nicht. In der Schule stand ich in den Pausen immer alleine in einer Ecke und wartete auf die Pausenklingel. Ich hatte niemanden zum Spielen. Keiner wollte mit mir die Pause verbringen. Der Grund? Verstanden habe ich es nie so richtig. Ich erinnere mich nur an die tiefe Einsamkeit und die Sehnsucht, einfach dazuzugehören. Mein Fleck. Mein Fleck im Gesicht. Damit wirkte ich scheinbar sehr verstörend.

Auf dem Weg zur Schule empfand ich mehr Angst als Freude. Die Angst davor, wieder gehänselt zu werden: „Igitt! Hast du dich nicht gewaschen!?", „Warum malst du dir so etwas Blödes auf dein Gesicht!?" Der Gedanke, angeekelt und bemitleidend angeschaut zu werden, erdrückte mir förmlich das Herz. Jeder hatte Freunde. Nur ich nicht. Keiner wollte sich mit mir unterhalten. Und ich selbst tat alles um unsichtbar zu sein. Bei jedem Blick versuchte ich schnellstmöglich meinen Kopf zu senken, um mein Gesicht zu verstecken. Ich weinte oft, wollte öfters nicht zum Unterricht. Es war wie auf Schnee zu laufen ohne einen Abdruck zu hinterlassen.

Mit bleischwerem Herz, manchmal wütend, aber öfter noch eingeschüchtert und mit einem überwältigenden Gefühl der Wertlosigkeit, fiel es mir nicht leicht mit dem Beten. Mir war zwar bewusst, dass ich ein Geschöpf Allahs war. Ich war auf Allah auch nicht wütend wegen der ganzen Schwierigkeiten. „Es ist alles wegen dir!“ – So dachte ich nicht über meinen Schöpfer. Die schmerzenden Gefühle zerrissen mich nur sehr. Es fehlte mir einfach die Bindung zu meinem Schöpfer. – Was hat das denn für eine Bedeutung oder gar Wichtigkeit, wenn ich für Allah bete? Warum möchte Allah das unbedingt? Warum sagen mir meine Eltern immer, dass ich beten soll, kein Gebet verpassen darf und es gut lernen soll? Beten, Fasten und alles andere konnten ja sowieso nicht direkt mit mir zu tun haben. So wertlos fühlte ich mich. Ich, das junge Mädchen.

Mit meinen Fingerspitzen fahre ich behutsam über meinen Fleck. Ein sanftes Lächeln umgibt mein Gesicht. Die Schulzeit ist voller trauriger Ereignisse, an die ich mich heute nur selten zurückerinnere. Aber trotzdem hält es mich nicht davon ab, zu lächeln. Mit froher Stimme rede ich vor mich hin und schaue kurz runter auf meinen Gebetsteppich auf dem Stuhl: „Alhamdulillâh! Heute bist du mein treuer Begleiter. Dich würde ich niemals hergeben wollen. Ich erinnere mich noch sehr gut daran, wie wir so richtig innig wurden.“

Erdrückt von herabwürdigenden Blicken, kränkenden Worten, vom ständigen Verstecken und der erdrückenden Einsamkeit hatte ich meine Begegnung des Lebens! Das allererste Mal in meinem Leben fühlte ich mich fest umarmt. Da gab es wirklich jemanden, der einfach erfreut darüber war, dass es mich gibt. Und das mit meinem Feuermal.

Durch meine Mutter und ihren Freundeskreis erfuhr ich mit 16 Jahren von einem Gesprächszirkel. Am Anfang war ich sehr skeptisch. Ich wollte erst gar nicht teilnehmen. Die Angst war zu groß, ausgeschlossen, nicht akzeptiert und gehänselt zu werden. Der Gedanke, dem gleichen Schmerzen wieder und wieder ausgesetzt zu sein, überwog meiner Neugier. Heute weiß ich, dass es ein großes Geschenk Allahs war, dass meine Schwester mich überreden konnte. Wir gingen gemeinsam hin.

Podcast als Denkanstoß

„Und erschaffen habe ich die Dschinn und die Menschen nur, damit sie mir dienen."[19]

Diese Absicht Allahs ist sehr interessant. Ich meine, ich bin doch ich selbst. Warum soll ich für wen anderes leben? Das klingt doch sehr einschränkend und auch etwas bedrückend, oder? Wäre es nicht viel logischer und amüsanter, wenn wir nur für uns leben könnten? Denn Allah braucht ja all diese Ibâdas nicht. Warum dann die ganzen Pflichten und vor allem fünfmal am Tag beten? Fünfmal! Das kann doch nervig sein, täglich fünfmal im Alltag unterbrochen zu werden.

Das Wetter ist angenehm warm. Eine leichte Brise weht über mein Gesicht. „Schön und frisch, alhamdulillâh", denke ich. Ich spaziere durch den Park. Meine Augen erfreuen sich am Anblick des Sees, der weiten Wiese und großen Bäume, die den Park vollkommen umrunden. Der Gesang der Vögel und die Kinderstimmen im Hintergrund erfreuen meine Sinne. Während ich laufe,

19 Sure Zâriyât, 51:56

fällt mir plötzlich ein, dass ich mir noch eine Podcastfolge anhören wollte. Jetzt ist genau der richtige Zeitpunkt dafür. Ich krame in dem etwas chaotischen Innenraum meines Rucksacks meine Kopfhörer heraus. Unter meinem Kopftuch hindurch stecke ich sie behutsam in meine Ohren: „Eine sehr coole Abdeckung unter meinem Tuch", denke ich dabei jedes Mal und muss breit grinsen. Während ich ein Podcast über das Fasten im Ramadan höre, laufe ich gemütlich neben den vielen Bänken weiter in Richtung des Spielparks. Plötzlich muss ich fragend zucken: „Ups, hoppla! Was ist denn jetzt passiert?" Ich tippe mit meinem Zeigefinger behutsam auf meinen rechten Kopfhörer und kontrolliere dabei die Playlist auf meinem Handy: „Tak, tak, tak. Die Folge läuft, aber mein Kopfhörer will nicht." Etwas enttäuscht und verärgert ziehe ich den Kopfhörer heraus. Schmunzelnd untersuche ich ihn und versuche das Problem zu finden. Erfolglos. „Hmm, schade. Die Kopfhörer haben irgendetwas, aber ich kann es nicht lösen. Ich glaube, ich muss den Hersteller kontaktieren", denke ich, während ich den Kopfhörer wieder in meine Tasche packe. Beim Einpacken holt mich ein Gedanke ein. Ich lehne mich zurück und werfe meinen Blick ganz weit nach oben in Richtung der Baumkrone, unter der ich sitze. Ich fühle, wie sich meine Augen vergrößern. Voller Erstaunen fange ich an vor mich hin zu reden. Die Stille wird unterbrochen: „Ja! Genau das ist es! Das ist die Antwort!" Merkwürdige und erstaunte Blicke fangen mich von rechts ein. Das alte Ehepaar auf der Bank neben mir springt kurz auf, als es meine impulsive und etwas laute Stimme hört. „Es tut mir leid", sage ich mit schüchterner Stimme und stehe auf, um meinen Rundgang fortzuführen. Währenddessen spreche ich in meinen Gedanken weiter: „Mein Bruder fragte mich, was Allah mit dem Beten eigentlich bezwecken will. Ja, der Knackpunkt ist der Hersteller! So wie der Hersteller sein Produkt am besten kennt, so und sogar noch besser kennt uns unser Schöpfer. Er weiß, was wir brauchen. Das Gebet brauchen wir. Und wer gibt uns das, was wir brauchen? Na klar doch! Der, der uns liebt und möchte, dass es uns gut geht!“

Die Ibâdas und insbesondere das Beten haben direkt etwas mit uns zu tun. Wie ein Gemälde das Handwerk des Künstlers ist, so erinnert uns die ganze Schöpfung an Allah, den Schöpfer. Der Künstler kennt die Kulisse, die einzelnen Pinselstriche, das Papier, die einzelnen Farben, den Entstehungsort und die Hintergründe, die Gefühle und Absichten seines Werkes am besten. Das, was der Betrachter darin sieht, ist schlussendlich seine eigene Wahrnehmung. Auf die Art wie Allah Seine Schöpfung kennt, kennt sie keiner. Als ihr Schöpfer kennt er sie am besten!

Unter allen Geschöpfen ist die Schöpfung Mensch eine Ausnahmeerscheinung. Wir haben andere Dinge nötig als die restliche Schöpfung. Ein Geschöpf, das seinen Lebenssinn erfüllt, wird glücklich. Eine Wolke zum Beispiel ist glücklich und erfüllt, wenn sie ihre Aufgabe macht. Die Wolke hat keinen Nutzen vom Regen und Schnee, den sie spendet. Wohlgemerkt auch nicht im Jenseits. In der Tierwelt verhält es sich überwiegend ähnlich. Beispielsweise isst die Biene niemals selbst, was sie herstellt. Ja, damit ist der Honig gemeint. Sie arbeitet zwar fleißig, um das süße Gold herzustellen. Trotz dessen hat sie keinen Nutzen daraus. Sie kriegt keinen Lohn für die harte Arbeit, die sie leistet.

Ist das nicht überwältigend? Wir als Menschen hätten wohlmöglich schon protestiert. Aber warum macht es die Biene nicht? Ist sie blöd?

Es ist eigentlich das Gemälde. Genau, das Gemälde der Schöpfung. So wie die einzelnen Komponenten von Allah geordnet wurden, ist die Ordnung des Universums vollkommen. Die verteilten Aufgaben, Pflichten, Gefühle, mit ihrem Aussehen, Farben und Funktionen. Würde ein Pinselstrich verschwimmen, verstreichen oder ausgetauscht werden, würde der Sinn zerbrechen. Der Mensch nimmt im Vergleich zur restlichen Schöpfung eine außergewöhnliche Stellung ein. Er ist wie alles andere ein Geschöpf, doch als einziges Geschöpf zieht er Nutzen aus der gesamten übrigen Schöpfung.

Der Mensch nimmt im Vergleich zur restlichen Schöpfung eine außergewöhnliche Stellung ein.

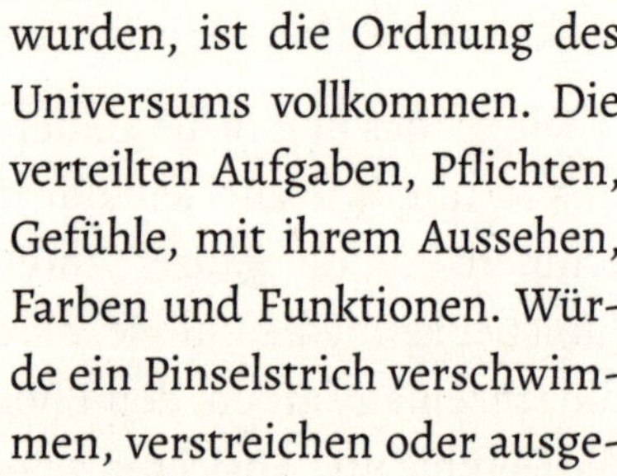

Und für was sind wir eigentlich da? Allah schuf uns, damit wir „dienen“. Aber was ist denn nur dieses „Dienen“? Wie drückt es sich aus und was heißt es? Habe ich als Mensch einen Nutzen daraus?

Der Sinn der Dienerschaft

„Ach ist das herrlich hier!“, sage ich zu meiner Freundin Aisha. Wir sitzen gemeinsam im Garten hinter ihrem Haus. Es duftet so blumig schön und wirkt so erfrischend: „So mag vielleicht Harmonie riechen“, sage ich mit heller Stimme. Ich versuche mich dabei auf dem Stuhl vor dem bedeckten kleinen Gartentisch zu strecken und ziehe den frischen Duft in mich hinein. Tief in meine Lungen: „O Allah, das ist so befreiend, alhamdulillâh!“ Ich setze mich wieder aufrichtig hin. Hebe das Tässchen Kaffee hoch und trinke einen kleinen Schluck daraus. Währenddessen gießt Aisha eifrig ihre Blumen im Garten. Es ist nicht nur ein Vergnügen für den Geruchssinn. Diese Blumen sind ein totaler Augenschmaus. Gelbe, rote, weiße Rosen, lila Lavendel, intensiv rot leuchtende Tulpen, warm gelbe Sonnenblumen, süß rosa scheinende Schmuckkörbchen, gelber Löwenzahn, bunte Nelken, rosa dichtbewachsene Astern… „Es ist wirklich erstaunlich“, sagt Aisha plötzlich. Sie schüttelt ihren Kopf, während sich immer mehr Klarheit in ihr breit macht. Ich wende mich ihr voller Aufmerksamkeit zu und frage neugierig: „Ah ja, was denn genau?“, „Schau mal“, antwortet Aisha und zeigt dabei auf den Blumenstrauß. Er steht auf dem kleinen Gartentisch. Aisha hat ihn aus den Blumen in ihrem Garten selber zusammengestellt. „Die Blumen im Strauß und im Garten. Sie sind gleich, aber eigentlich so verschieden.“ Nachdenklich schaue ich sie an. Was sie wohl damit meint… „Ahh, meinst du? Wie denn?“ „Ja, schau doch mal Soumayya. Alle Blumen stammen aus demselben Garten. Aber die einen blühen länger, die anderen verblassen schon nach einigen Tagen.“ Nachdenklich senke ich meinen Blick. Auf diesen Gedanken war ich noch nicht gekommen. Ich bin gespannt, auf was Aisha hinauswill: „Hmm, stimmt eigentlich. Trotzdem finde ich den Blumenstrauß schön.“ „Ja, schön sind alle Blumen, alhamdulillâh. Aber die Verbundenheit… Die Verbundenheit macht sie anders.“ Kurze Stille. Aisha lässt ihre Gedanken sacken. Nach einem kurzen Moment bestätige ich: „Aah! Du meinst also, je mehr eine Blume eine gesunde Verbindung zur Erde, Sonne und zum Wasser pflegt, desto frischer bleibt sie erhalten?“ Sie nickt bejahend. Plötzlich klingt im Hintergrund der Azân für das Gebet zur Nachmittagszeit. Ich richte mich im Stuhl etwas auf. Bis der Azân zu Ende ist, stellen wir unser Gespräch ein und hören dem Ruf zu. Nach dem Azân nimmt Aisha den Gartenschlauch und packt ihn weg. Bevor ich noch Fragen konnte, auf was sie genau mit ihrer Bemerkung hinauswollte, fängt mich Aisha ein: „Ist es so nicht auch mit uns?“ – „Wie? Meinst du das mit den Blumen?“ frage ich etwas verwirrt. „Ja, genau. Schau mal, der Azân ruft uns zur Quelle von Leben und Lebendigkeit. Allah sagt im Koran: **„O ihr, die ihr glaubt, hört auf Allah und seinen Gesandten, wenn er euch zu dem ruft, was euch Leben verleiht.“**[20] Je mehr wir an unserer Quelle dranbleiben, eine gesunde und dauerhafte Beziehung haben, desto länger bleibt unsere innere Stärke erhalten.“ Schlagartig fängt mein Puls an schneller zu werden. Ich spüre wie mein Blut durch meine Adern rast und in meinen Kopf schlägt. Ich bin völlig überwältigt von diesem Gedanken: „Wow! Das ist so wahr!“ Und langsam fühle ich wie eine schmeichelnde Wärme mein Herz umarmt: „Jedes Mal nach dem Gebet fühle ich mich wie frisch, als sei ich auf meine Werkseinstellungen zurückversetzt. Ich fühle quasi, wie meine Sinne und meine Seele ihren Durst nach Ruhe und Gleichgewicht stillen. Meine Wahrnehmungssinne verschärfen sich. Ihre getrübten Stellen werden kuriert. Der Staub auf meinem Herzen wird weggewischt.“ – „Das bringt es auf den Punkt. So blühen wir auf wie eine bezaubernde Gartenblume.“

Das erscheint einleuchtend, nicht wahr? Wir Menschen haben nicht nur körperliche Bedürfnisse. Was unser Herz braucht, ist wichtiger als was unser Körper braucht. Warum? Es ist eigentlich ganz simpel: Jemand kann krank sein, chronisch, bettlägerig oder auch blind. Trotz diesen ganzen Prüfungen ist der Mensch aber im Stande erfüllt und zufrieden zu sein, eine innere Ruhe zu empfinden.

Viel Geld, Reichtum, Ruhm, viele Klicks und Follower im Internet, aufgemachter Style, teure Klamotten, Schönheitsoperationen... All das sehen und hören wir auf Social Media und denken, wie sorglos und glücklich doch diese Leute sein müssen. Ahnungslose eifern ihnen nach. Wir ärgern uns, warum wir nicht so „glücklich“ sind.

---

20 Sure Anfâl, 8:24

Unter allen Geschöpfen ist der **Mensch** eine Ausnahmeerscheinung. Wir brauchen andere Dinge als die restliche Schöpfung. Ein Geschöpf, das seinen Lebenssinn erfüllt, wird **glücklich.**

Das scheint uns nicht verkehrt, oder? Ich meine, wer möchte denn nicht sorglos glücklich sein? Doch die Schattenseiten gehen leider unter. Diese Formen des materiellen Reichtums können mit ernsten Problemen, wie beispielsweise Suizidgedanken einhergehen. Nicht weil Geld, Ruhm etc. an sich schlecht sind. Nein! Sondern, weil wir uns als Menschen von der Nahrung unseres Herzens entfernen. Deshalb fangen unsere Herzen an zu ruinieren. Im wahrsten Sinne des Wortes.

Eine Blume ist zufrieden mit ausreichend Wasser, mineralreicher Erde und ausgewogener Wärme. Wir Menschen werden mit Geld, Kleidung, Essen etc. nur beschränkt glücklich. Reichtum allein erfüllt uns nicht. Wie lange dauert es, bis wir wieder hungrig sind, nach dem wir uns gesättigt haben? Wie lange dauert es, bis wir nach einem Kleidungsstück das nächste begehren? Für jemanden, der dauerhaft an höllischen Kopfschmerzen leidet, ist ein Haus im Wert einer halben Million Euro nicht genießbar. Solch ein Besitz erscheint in solch einem Zustand als völlig unwichtig. Die Freude an materiellen Dingen ist kurzlebig. So schnell verliert das Materielle an Wert und so schnell kann sich unsere körperliche Gesundheit ändern.

Auch deshalb erinnert uns Allah immer an unsere Ibâdas. Vor allem das Pflichtgebet stärkt unsere Seele und erfüllt unsere Herzen. Unsere Ibâdas sind die Verbindung zu unserer Heimat, zu unserem wahren Kern. Je gestärkter unsere Seele ist, desto reiner schaut und fühlt unser Herz. Unser Prophet Muhammad (s) beschreibt dies in seinen edlen Worten: **„Hütet euch! Es gibt ein Stück Fleisch im Körper, wenn es gut ist, wird der ganze Körper gut, aber wenn es verdorben wird, wird der ganze Körper verdorben. Wisst, das ist das Herz.“**[21] Und andersherum:

---

21 Buhârî, Îmân, 39

Wenn wir Ibâdas unterlassen, verschlechtert sich schleichend und allmählich die Gesundheit unserer Seele. Unruhe nistet sich nach und nach im Herz ein.

Moment! Irgendetwas scheint unstimmig:

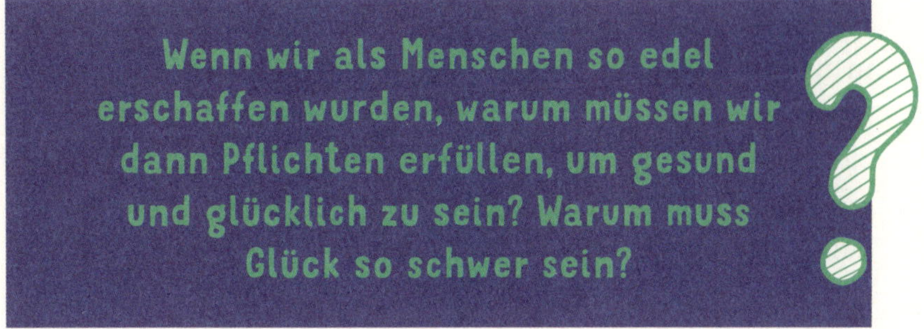

Ich meine, man könnte ja die Seele einfach baumeln lassen und Ruhe finden. Warum will Allah unbedingt, dass wir uns anstrengen? Gebetswaschung, bestimmte Zeiten einhalten, früh morgens schon beten… Kann das alles wirklich mit edler Schöpfung zu tun haben?

Pflichten: Last oder Freiheit?

„Hayya alas-salâh hayya alas-salâh, hayya alal-falâh hayya alal-falâh, Allâhu akbar, Allâhu akbar, lâ ilâha illallâh." Es ist der Tag der offenen Moschee. Zum ersten werde ich an diesem besonderen Tag eine Moschee besuchen. Einerseits bin ich neugierig. Andererseits bin ich etwas skeptisch, weil ich nicht weiß, was mich erwartet. Ich möchte unvoreingenommen erfahren und reflektieren. Bisher sind mir Gotteshäuser nur teilweise aus den Medien bekannt. Von meinem muslimischen Nachbarn weiß ich, dass sie die Moschee regelmäßig besuchen. Trotzdem höre ich den Azân heute zum ersten Mal. Wir sind in der Moschee angekommen.

„Das war der Azân für Magrib. Das Wort Azân bedeutet Gebetsruf. Damit werden die Muslime an den Beginn der Gebetszeit erinnert und zum Gebet gerufen. Alle werden sich jetzt in der Moschee versammeln und gemeinsam das Gebet verrichten." So erklärt mir Herr Demir den schönen Gesang. Etwas befremdlich, aber aufmerksam höre ich ihm zu und schaue dabei zum Eingang in die Moschee. Es ist sehr interessant zu sehen, wie sich in kurzer Zeit eine Vielzahl von Menschen in der Moschee versammelt. Alle ziehen ihre Schuhe aus, bevor sie den grünen, schlicht bemusterten Teppich betreten. Einige Männer legen ein kleines Hütchen auf ihren Kopf. Herr Demir erklärt mir später, dass dieses Hütchen als „Takke" bezeichnet wird.

„Wir können nun weiter zu den Klassenräumen", sagt Herr Demir und führt seine Hand wegweisend zu den Treppen neben dem Eingang. Flüchtig nur schaue ich zu den Treppen und lächle. Reflexartig wende ich meinen Körper den Treppen zu, aber mein Blick bleibt den Menschen zugewandt. Ich bin einfach zu neugierig, um weiterzugehen. Ich möchte unbedingt das Gebet genauer beobachten und die Bewegungen mitverfolgen. Es drängt schon lange in mir, vor allem eine Bewegung genauer zu verstehen. Manchmal klingle ich bei meinem muslimischen Nachbarn, um mein bei ihnen abgegebenes Paket abzuholen. Durch das Fenster sehe ich gelegentlich einen ausgerollten, schön bemusterten Teppich. Da sehe ich sie dann irgendwelche Bewegungen machen, die ich nicht kenne. Besonders eine Bewegung finde ich wirklich immer merkwürdig. Sie senken ihre Stirn bis zum Boden und bleiben eine Zeit lang in dieser Position. Das wiederholen sie dann noch einmal. Ab und zu überlege ich, warum ein Mensch so unangenehm tief sinken muss, um gebetet zu haben. Beugen kenne ich ja auch. Man beugt sich aus Respekt oder Dank. Aber bis zum Boden sinken, mit der Stirn den Boden berühren; das ist echt komisch. Auf Außenstehende wirkt das sehr übertrieben und auch irgendwie respektlos gegenüber der eigenen Person. Als ob meine Individualität ausgelöscht wird.

„Genau jetzt ist der richtige Zeitpunkt“, flüstere ich leise vor mich hin. Herr Demir scheint mein Geflüster gehört und mein Interesse eingefangen zu haben: „Wenn Sie mögen, können wir das Gebet mitverfolgen. Allerdings betreten wir die Moschee nicht mit Schuhen und sollten auf unsere Lautstärke achten.“ Mit großen Augen und voller Freude nicke ich: „Genau das ging mir durch den Kopf. Danke! Das können wir liebend gern machen.“

Wir ziehen unsere Schuhe auf der blauen Matte vor dem Eingang aus und betreten die Moschee leise. Ich sehe viele Männer nebeneinander gereiht. Alle haben sich hinter einem Mann in eine Richtung gestellt. Es ist sehr spannend und strahlt Harmonie aus. Ich fühle eine für mich nicht genau definierbare Ruhe, die den Raum einnimmt. Währenddessen erzählt mir Herr Demir mehr zum Gebet, zur Gebetsrichtung, zu Einzelheiten in der Moschee. Er erklärt mir, dass die betenden Muslime im Gebet Koran lesen, das Wort Allahs. Es ist für mich wie eine Reise durch ein fremdes, neues Land. Dennoch spüre ich tief in mir eine unerklärliche Wärme, die mich sanft umarmt. Die Laute des Korans fühlen sich an, als ob ein mit Licht gefülltes Gefäß auf mich geschüttet wird. Ein Licht, durch das ich mich so leicht und unbeschwerlich wie eine schwebende Wolke fühle. Ich schließe meine Augen und konzentriere mich auf den Koranlaut. Geschmeidiges Lächeln macht sich unbewusst in meinem Gesicht breit.

Er erklärt mir, dass die betenden Muslime im Gebet Koran lesen, das Wort Allahs. Es ist für mich wie eine Reise durch ein fremdes, neues Land.

Dennoch spüre ich tief in mir eine unerklärliche Wärme, die mich sanft umarmt. Die Laute des Korans fühlen sich an, als ob ein mit Licht gefülltes Gefäß auf mich geschüttet wird. Ein Licht, durch das ich mich so leicht und unbeschwerlich wie eine schwebende Wolke fühle.

„Und das ist die Sadschda, also die Niederwerfung", sagt Herr Demir flüsternd, um die Betenden nicht zu irritieren. Dieser Satz reißt mich plötzlich aus meinem Empfinden. Schnell schaue ich den Betenden zu und sehe, dass sie diese eine Bewegung machen, die ich teilweise so verwerflich finde. Sie senken ihre Stirn bis zum Boden und bleiben dort für eine Weile. Und das gleiche noch einmal. Jetzt habe ich die Gelegenheit mehr zu erfahren: „Ah, diese Position heißt Sadsch-da, Sadschda sagten Sie?" – „Ja, genau, diese Bewegung heißt Sadschda." – „Ich frage mich schon lange, warum man beim Beten so eine Bewegung machen muss? Die Bedeutung interessiert mich wirklich sehr. Verstehen Sie mich nicht falsch, aber so tief auf den Boden zu gehen, wirkt etwas befremdlich." Erstaunlicherweise kommt Herr Demir meiner Frage sensibel entgegen: „Ich finde es sehr bemerkenswert, dass Sie sich dafür interessieren. Schauen Sie, wir können uns darüber Gedanken machen, was der Kopf eines Menschen so bedeuten könnte. Das ist jetzt unabhängig von der Niederwerfung im Gebet. Fällt Ihnen da spontan etwas ein?“ Ich fühle mich etwas überfordert und zucke für einen Moment zurück. Die Frage überrumpelt mich etwas. Damit habe ich jetzt nicht gerechnet. Bin aber sehr gespannt, auf was Herr Demir hinaus möchte. Ich fasse mit meinem rechten Daumen und Zeigefinger mein Kinn, werfe meinen Blick nachdenklich zur Decke: „Hmm. Was fällt mir ein… Könige zum Beispiel tragen Kronen auf ihrem Kopf. In vielen Kulturen kennt man Malereien, die auf die Stirn gemalt werden. Sie bezeichnen unterschiedliches, wie etwa Kraft, Segen, Würde oder Eheschließung. Aus der Geschichte wissen wir, dass bestimmte Frisuren und Haarfarben benutzt wurden, um eine bestimmte Gruppenzugehörigkeit in Szene zu setzen.“

Für einen kurzen Moment stellt Herr Demir das Reden ein. Stille. Alle Betenden öffnen ihre Hände, um Bittgebete zu sprechen. Das Gebet ist beendet. Während ich am Gedankengang Herr Demirs festhalte und versuche ihn weiterzuführen, laufen alle Betenden an uns vorbei. Sie ziehen ihre Schuhe wieder an und verlassen die Moschee. Bis auf ein paar anderen Besuchern und einigen Gemeindemitgliedern ist die Moschee nun nicht mehr so voll.

„Ok, das macht Sinn“, denke ich innerlich und möchte fortführen: „Ihr Ansatz regt wirklich zum Weitedenken an. Dazu fällt mir ein, der Bob-Haarschnitt stand zum Beispiel damals in den 1920er Jahren für den Freiheitswunsch emanzipierter Frauen. Also symbolisierte das quasi den Ausbruch aus weiblichen Klischees. Da ist wirklich etwas Wahres dran; der Kopf spricht sicherlich für sich. Und das, meinen Sie, hat etwas mit der Niederwerfung zu tun?“ Ich merke, wie die Spannung in mir steigt. Der Drang danach, diese Verbindung zu verstehen, ist so immens stark. Es ist, als wäre ich an der aufregendsten Stelle eines fesselnden Filmes.

Ich muss mich ans Atmen erinnern. Die Welt scheint stillzustehen und ich will ja nichts verpassen. Ich spüre, wie meine Neugier meine anfängliche Skepsis überragt.

„Ja", erwidert Herr Demir, „die Niederwerfung kann auch aus diesem Blickwinkel betrachtet werden. Sehen Sie, mit der Sadschda preisen wir den Höchsten. Dem Punkt der symbolisch für die Würde des Menschen steht. In dieser Position wird „subhâna rabbiyal alâ" gesagt. Das bedeutet: ‚Gepriesen ist mein Herr, der Höchste.' Die Sadschda ist quasi das Bezeugen der Hoheit Allahs und der Demut des Menschen ihm gegenüber."

Etwas verwirrt und nachdenklich schaue ich den gemusterten Teppich auf dem Boden an. Meine Gedanken rasen wild durcheinander. Eine Frage nach der anderen drängt sich mir auf. Mit dem Versuch meine Gedanken etwas zu ordnen, schüttle ich kurz meinen Kopf. Und sofort schnellt es aus mir: „Oh, das ist wirklich... Ich weiß gar nicht, wie ich das beschreiben soll. Ich bin etwas verwirrt. Ich verstehe nicht, warum Allah, der ja schon weiß, dass er der Höchste ist, das bestätigt haben möchte. Warum braucht Allah das?" Herr Demir lächelt sanft. Er strahlt dabei eine merkwürdige Geborgenheit und Gewissheit aus: „Das ist eigentlich ganz einfach. Allah braucht es nicht, aber wir brauchen es. Wir sind darauf angewiesen dieser Wirklichkeit immer ins Auge zu blicken. Somit erhalten wir im wahrsten Sinne des Wortes Freiheit. Die Freiheit von allem Weltlichen. Er macht uns verantwortlich für diese Welt, aber dienen sollen wir nur ihm. Nur ihm sollen wir ergeben sein. Wir dienen keinem anderen. Nicht dem Geld, nicht dem Reichtum, nicht dem Ruhm, nicht der Schönheit, nicht dem Körper, nicht dem Tier, nicht der Arbeit, nicht dem Menschen und und und. Sich vor dem Höchsten niederzuwerfen, heißt also übersetzt: „Nur dir diene ich und nur dafür wurde ich erschaffen. Ich bin von allem anderen frei." Und daran sehen wir, dass die Niederwerfung für uns ist.

Mit dem Bekenntnis und Geständnis der Hoheit Allahs, schützen wir unsere Würde. Die Sadschda zeigt uns auf, dass der Wert des Menschen daran bemessen wird, was er über sich anerkennt. Allah will, dass wir nur das Höchste über uns anerkennen und nichts Niedrigeres. Er will uns für sich. Direkt. Persönlich. Nah.

Merkwürdig. Es ist sehr merkwürdig. Eine Flut von Gefühlen scheint mich zu durchfließen. Es fühlt sich so an, als würden sich all meine Körperzellen auflösen und neu sortieren. Was ist das für eine Tiefe. Ich gehe in ihr unter, aber trotzdem ertrinke ich komischerweise nicht. Ganz im Gegenteil: Die Tiefe öffnet das Schloss mancher Türen, denen ich zuvor nicht begegnete. Das ist wirklich total überwältigend! Mit so einer Wucht habe ich wirklich nicht gerechnet. Ich schaue Herr Demir mit weit geöffneten Augen an und sage nüchtern und doch aufgeregt: „Ich würde gerne wissen, wie sich diese Freiheit anfühlt."

Er macht uns verantwortlich für diese Welt, aber dienen sollen wir nur ihm.

Freiheit

Nun kann man einiges besser nachvollziehen, oder? Dieser persönliche Draht zu Allah ist so wundersam! Das Pflichtgebet ist keine Last, sondern Nahrung und Erleichterung für uns, für unsere Seele und unser Herz. Sie steht nicht im Kontrast zu unserer edlen Beschaffenheit. Sie verleiht uns gemeinsam mit allen Ibâdas Würde und wird der Natur unserer Schöpfung gerecht. Das heißt: Es kann für den Menschen nichts Besseres als die Ibâdas geben. Es mag widersprüchlich klingen, sie können anstrengend scheinen, aber sie sind die Freiheit selbst! Freiheit ist das, was unser Glück ausmacht. Wir alle lieben die Liebe! Wir wissen wie schön sie ist.

Unsere Freiheit dafür zu benutzen, den anzubeten, der die Liebe erschaffen hat, das stellt den schönsten Gebrauch der Freiheit dar...

Man mag denken: „Wenn ich frei bin, dann darf ich machen, was mir so in den Sinn kommt." Theoretisch scheint es so. Wenn wir beispielsweise behaupten würden, dass wir eine Woche lang nicht schlafen, sondern nächtelang Filme schauen wollen. Wollen könnten wir es, aber wie sieht es mit unserem Körper aus? Auch wenn wir uns noch so zwingen würden, unsere Augenlider würden uns gewiss besiegen. Das Zufallen unserer Augenlider könnten wir nicht verhindern. Und auch unsere restlichen Organe... Wir atmen ein und aus, ein und aus, ein und aus. Sagen wir unserer Lunge, was sie zu tun hat? Wenn wir wirklich frei wären, müssten wir nicht willkürlich mit unseren Organen umgehen können? Wie der Körper seine Pflege benötigt, benötigt unsere Seele Pflege. Wie unsere Organe verkümmern, wenn wir uns nicht kümmern, verkümmert unsere Seele, wenn wir uns nicht kümmern. Das ist ein geistiges Gesetz wie es physikalische Gesetze gibt. Wir sind an die Gesetzmäßigkeiten der Natur gebunden. Wir können nicht alles tun und lassen, wie es uns beliebt. Denken wir an Flut und Donner. Warum können wir nicht die Wolken beeinflussen und sagen: Bitte weniger Regen, sonst kriegen wir Probleme.

Unsere Freiheit dafür zu nutzen, den anzubeten, der die Liebe erschuf, das stellt den schönsten Gebrauch der Freiheit dar.

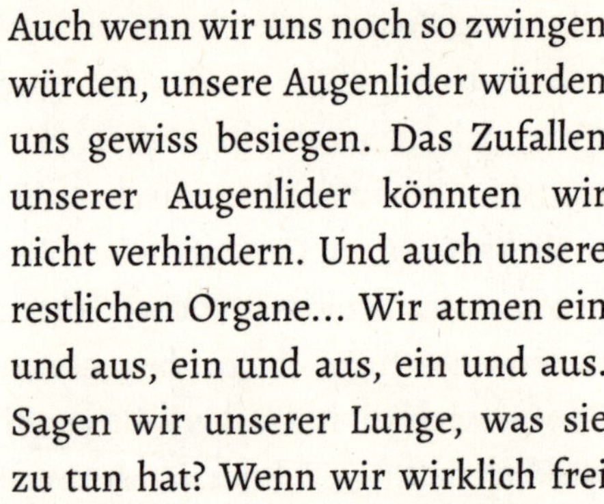

Das sagt einiges über uns aus, oder? Wir sind nicht frei, wenn wir alles nach Lust und Laune machen. Wir erlangen Freiheit nur, wenn wir unser Herz nicht ignorieren. Und unser Herz ist mit unserem Schöpfer verbunden. Unsere Demut gegenüber ihm würdigt uns. Wir sind dann frei, wenn wir unsere Lüste und Launen beherrschen. Wir sind nicht frei, wenn unsere Begierden uns von hier nach da lenken und zerstreuen. Dann sind wir nur ein Spielzeug. Genau das ist entgegen unserer Würde. So sagt es unser Schöpfer im edlen Koran: **„Und wir haben ja die Kinder Adams geehrt; wir haben sie auf dem Festland und auf dem Meer getragen und sie von den guten Dingen versorgt, und wir haben sie vor vielen von denen, die wir erschaffen haben, eindeutig bevorzugt."**[22]

Wenn Allah im Koran uns mit „mein Diener" anspricht, so wissen wir, er hat uns geehrt. Und so wie der aufrechte Kopf für Würde steht, so versteht sich das Pflichtgebet als der Kopf des Körpers, die höchste Stelle. Für die höchste Würdigung, das Gebet, müssen wir nicht einmal so viele Stunden unseres Tages investieren; ist das nicht wunderschön? Alle Pflichtgebete zusammen ergeben gerade mal knapp eine Stunde unseres Tages. Eine unbezahlbare, wertvolle Stunde... Jemand, der sein Leben lang die Pflichtgebete einhält, hat gerade mal knapp ein Jahr dafür investiert. Ist das nicht überwältigend? So eine Tat mit so einer immensen Auswirkung. Allah ist so barmherzig!

Diese Barmherzigkeit ist so gigantisch, dass wir die Weisheiten des Gebetes nicht alle mit unserem Verstand nachvollziehen können. Aber lasst uns kurz versuchen, eine Vorstellung von der Weisheit zu erhalten. Zum Beispiel: Ein kleines Kind hat viele Bedürfnisse. Weil es sich nicht selbst versorgen kann, ist es auf seine Eltern angewiesen. Es weint, wenn es Hunger oder die Windel voll hat, wenn es Trost oder Nähe benötigt. Weil das Kind so bedürftig ist, kann eine Mutter niemals widerstehen oder wegschauen. Am liebsten würde sie es mit ihrer Liebe umarmen und einhüllen, damit das Kind nicht einmal den Impuls verspürt zu weinen. So

22 Sure Isrâ, 17:70

Wir sind nicht frei, wenn wir alles nach Lust und Laune machen. Wir erlangen nur Freiheit, wenn wir unser Herz nicht ignorieren. Und unser Herz ist mit unserem Schöpfer verbunden.

ähnlich ist es auch mit der Beziehung zwischen uns und Allah. Ähnlich wie ein Kind weint und am Rock seiner Mutter zieht, um sich bemerkbar zu machen, erscheinen wir liebenswürdig, zart und sensibel gegenüber Allah. Dieses Bewusstsein drücken wir in unserer Niederwerfung aus. Allah umgibt uns mit seiner Fürsorge. Auf eine Weise, die unsere Würde unversehrt lässt und sie nicht antastet. Ganz im Gegenteil. Wie sagen die muslimischen Gelehrten so schön: Fasten kann nachgeholt werden. Pflichtabgabe und Hadsch sind für diejenigen, die das Geld dafür haben. Das Pflichtgebet ist unter allen Ibâdas immer zu verrichten. Selbst dann, wenn die Sadschda nur mit den Augen angedeutet werden kann, weil jemand körperlich nicht in der Lage ist, sich niederzuwerfen. So sehr liebt uns unser Schöpfer. Er will, dass wir die Bindung zu ihm niemals verlieren, weil er weiß, dass wir selbst am stärksten von dieser Bindung profitieren.

DIE BEDINGUNGEN DES GEBETS

INSGESAMT 12

DIE ÄUSSEREN BEDINGUNGEN DES GEBETS

Die äußeren Bedingungen des Gebets (schurut as-salah) sind sechs.

Sie sind vor Beginn des Gebets zu erfüllen.

RITUELLE REINHEIT

→ Wudu durchführen

RITUELL VERUNREINIGENDES ENTFERNEN

→ Vor dem Pflichtgebet, Schmutz vom Körper, der Kleidung und dem Gebetsort entfernen

BEDECKUNG DES KÖRPERS

→ Bei Männern zwischen Bauchnabel und Knien.

→ Bei Frauen alles außer Gesicht, Hände und Füße.

AUSRICHTUNG NACH MEKKA

→ In Richtung Kaaba aufstellen.

ZEIT

→ Pflichtgebete jeweils in der vorgegebenen Zeit verrichten

ABSICHT FASSEN

→ Innerlich die Absicht fassen, das Gebet in der jeweiligen Zeit zu verrichten

DIE INNEREN BEDINGUNGEN DES GEBETS

Die inneren Bedingungen des Gebets (erkan as-salah) sind sechs.

Sie sind im Gebet zu erfüllen.

ERÖFFNUNGSTAKBÎR

→ Gebet wird mit „Allâhu Akbar" eingeleitet

KIYÂM (STEHEN)

→ Das Stehen im Pflichtgebet

REZITATION

→ Im Stehen wird der Koran rezitiert

VERBEUGUNG

→ So weit beugen, bis man die Knie fassen kann

NIEDERWERFUNG

→ Auf Hände, Füße und Knie stützend die Stirn zu Boden legen.

ABSCHLIESSENDES SITZEN

→ Nach Vollendung aller Gebetseinheiten sitzen, um die Tahiyyât zu rezitieren

WARUM IMMER DIE SURE FÂTIHA?

„Puh, ist das ein heißer Sommertag, maschallah", sage ich mit etwas schnellem Atem zu meiner Freundin Amina. Wir gehen vom Camlica-Hügel hinunter zum Eingang. Dort wollen wir fragen, wo sich die neue, große Moschee befindet. Sie wurde erst neulich eröffnet. Wir sind schon ganz gespannt und haben es etwas eilig: „Es ist ziemlich warm in Istanbul. Doch wir haben keine Zeit, uns darüber zu beschweren. Es ist schon fast Abendgebet. Bald wird der Azân gerufen", hetzt Amina mich. Hastig schaue ich auf meine Uhr: „Oh! Ich hoffe, wir schaffen das. Ich will den Anfang nicht verpassen! – Ah, da sind wir schon. Da, das ist der Eingang."

Wir bleiben kurz unter dem Schatten der großen Bäume neben dem Eingangstor stehen. Eine leichte Brise gleitet über unser etwas erschöpftes Gesicht. Wir lassen unseren Blick von links nach rechts schweifen und schauen, wen wir nach dem Weg fragen können. Direkt neben dem Tor entdecken wir ein Restaurant. „Vor der Restauranttür steht ein Kellner. Komm lass uns ihn fragen", sage ich zu Amina, während ich bereits Anstalten dazu mache. „Verzeihung, wo genau befindet sich die Camlica-Moschee? In welche Richtung müssen wir gehen?" – „Sie müssen zuerst den Parkplatz überqueren. Anschließend nach links auf die Hauptstraße runter.

Parallel zu dieser Straße läuft ein Waldweg nach oben. Sie müssen dem Waldweg folgen. Die Moschee ist ausgeschildert. Immer den Schilderungen folgen. Falls Sie es noch rechtzeitig zum Abendgebet schaffen wollen, müssen Sie schon ein bisschen zulegen." – „Ah, vielen Dank. Ist es denn sehr weit von hier?" – „Ca. 10 Minuten dauert es auf jeden Fall bis dahin." – „Oh, da müssen wir jetzt aber schnell los."

Eilig kommen wir am Waldweg an und laufen von dort aus weiter. Obwohl wir nicht so viel Zeit haben, können wir uns nicht davon abhalten, den Wald näher zu betrachten. Es ist märchenhaft schön hier. Ein fabelhafter, geschmeidiger, grüner Teppich wohin das Auge reicht. Ins Auge fallen uns hohe und frisch gepflanzte Bäume. Es ist ein schmaler Weg, eingerahmt von zahlreichen, bunten Blumenarten. Unzählbare Sitzbänke, die zum Arbeiten, Nachdenken, Pausieren oder Ausruhen einladen. Dieser fabelhafte Anblick erinnert mich an die Worte Franz Kafkas, die er in einem Brief im Jahr 1918 schreibt: „Denn in den Wäldern sind Dinge, über die nachzudenken man jahrelang im Moos liegen könnte." Das beschreibt es treffend. Die Atmosphäre scheint von Harmonie erfüllt. Das anschwellende Rauschen der Baumkronen klingt schon fast wie das Rauschen des Meeres.

Denn in den Wäldern sind Dinge, über die nachzudenken man jahrelang im Moos liegen könnte.

Und plötzlich hören wir den Gebetsruf. Für einen Moment reißt er mich aus meinen schwärmerischen Gedanken heraus. Der Azân mischt sich mit dem Rascheln der Blätter. Gänsehaut breitet sich auf meinem ganzen Körper aus. Ein einzigartiger, fesselnder Moment. Am liebsten würde ich diesen Moment lang und länger einfach nur genießen. „Oh nein!", schreit Amina. Blitzartig verlasse ich meine Gefühlswelt und kehre in die Gegenwart zurück. „Huch, was ist denn?“, frage ich verwirrt. „Na hörst du nicht!? Der Azân! Wir sind zu spät. Schneller!“

Völlig aus der Puste kommen wir an. Mein Puls rast. Wir gehen schnell über den weiten Hof. Währenddessen ist der Azân zu Ende und das Duâ wird gesprochen. Wir eilen die Treppen hoch, ziehen unsere Sandalen sofort aus und betreten den blauen Teppich mit farbiger Tulpenmusterung. So wie wir uns einreihen zum Gebet, hören wir auch schon die erschallende Stimme des Imams: „Allâhu akbar!“ – „Puh. Alhamdulillâh, noch geschafft“, denke ich kurz bevor ich meine Hände über meinen Brustkorb lege. Ich merke, wie mein Pulsschlag langsam abnimmt und mein Herz Ruhe findet. Ich versuche mich zu konzentrieren. Raka[23] für Raka umgibt mich ein warmer Schleier von Geborgenheit. Ich genieße jeden einzelnen Buchstaben des Korans und jede noch so kleine Bewegung. Ich bin nun da, wo ich hingehöre.

Raka für Raka umgibt mich ein warmer Schleier von Geborgenheit. Ich genieße jeden einzelnen Buchstaben des Korans und jede noch so kleine Bewegung.

Das Gebet ist vorbei. Mit dem schönen Anblick dieser sagenhaften Moschee versüßen wir unseren Augenblick. „Möge Allah es annehmen“, sagt Amina während sie von oben runter auf den Gebetsbereich schaut. „Dankeschön. Dein Gebet auch.“, erwidere ich ihr mit sanfter Stimme. Es ist Stille eingekehrt. Einerseits versuche ich meine Eindrücke zu verarbeiten. Andererseits möchte ich meinem Körper etwas Aus-

23 Raka beschreibt die Abschnitte eines Gebets. Das Abendgebet hat beispielsweise insgesamt 5 Raka. Davon werden die ersten drei als Pflicht und die letzten zwei als Sunna bezeichnet. Jede Raka endet mit der zweiten Niederwerfung.

zeit schenken. Währenddessen hole ich meine Wasserflasche raus: „Möchtest du was trinken, Amina?" – „Das brauche ich jetzt, Alhamdulillâh, danke." Daraufhin reicht sie mir die Flasche. „Ich bin auch so durstig. Das ist gerade richtig."

Bis auf einige haben alle anderen Betenden schon die Moschee verlassen. Wir aber möchten noch bleiben. Der Anblick ist zu überwältigend, um einfach empfindungslos daran vorbeizugehen. Ich löse meinen Blick vom Gebetsbereich und wandere mit meinen Augen über die Wandmalereien und alle anderen künstlerischen Details in der Moschee. Auch die Kuppel ist voller feiner, hübscher Beschriftungen. Ich versuche einige Koranverse zu entziffern und zu lesen. Dabei frage ich Amina neugierig, während ich auf die Bemalung zeige: „Sag mal Amina, du bist ja Hafiz[24] und Architektin. Weißt du, wer die Koranverse auswählt? Wer entscheidet welche Verse unter die Kuppel gemalt werden?" Erfreut von der Frage wendet sich Amina mir zu. Ein breites Lächeln macht sich auf ihrem Gesicht breit. Gleichzeitig schaut sie etwas nachdenklich. Sie überlegt: „Das ist eine gute Frage. Hmm, ich würde das auch gerne wissen. Ich glaube, ich werde das mal recherchieren. Aber ich schätze mal, dass jeder Koranvers abgestimmt ist mit dem Ort, an den er gemalt wird." Auf einmal fällt mir etwas ein. Ich schaue Amina mit einem etwas starren Blick an. Meine Augen werden größer vor Neugier: „Weißt du, was mir gerade einfällt? Wir beten fünfmal am Tag. Und gerade hat der Imam laut rezitiert. Wir lesen immer die Sure Fâtiha. Tagtäglich. Subhânallâh! Wenn diese Kalligraphien schon eine tiefsinnige Bedeutung haben, dann muss die Fâtiha doch tiefgründigere Weisheiten in sich haben. Warum habe ich darüber so nie nachgedacht? Immer wieder die gleiche Sure, ständig. Immer die Sure Fâtiha." Ich wiederhole es

24 Jemand, der den Koran auswendig gelernt hat.

noch mehrere Male. Sure Fâtiha, Sure Fâtiha, Sure Fâtiha… Die Erkenntnis überwältigt meine Sinne. Noch sind mir die Weisheiten nicht bewusst. Aber allein schon der Gedanke dieser ständigen Wiederholung fasziniert mich.

Mit Fragezeichen schaue ich Amina an. Sie schaut mich breit lächelnd und erfüllt an. Komischerweise finde ich in ihrem Gesichtsausdruck nahezu alle Antworten, die ich gerade suche. Ihr bedeutungsvoller ruhiger Blick bewirkt, dass ich mich geborgen fühle. Da ist etwas, was genau für mich bestimmt ist. „Ach Schwester, ich bin gerade so glücklich über diesen Moment. Ich zeige dir etwas.“, sagt Amina mit aufgeregter Stimme und kramt dabei ihr Handy aus ihrem Rucksack heraus. Flüchtig streicht sie mit dem Handrücken kurz den Bildschirm ihres Handys: „Das ist so faszinierend! Du wirst es nicht glauben! Allah ist wirklich der Größte, subhânallâh!“ Meine Neugier steigert sich mehr und mehr! Sie öffnet ein Video und dreht das Handy zu mir: „Schau mal, was das Thema dieses Videos ist!“ – „Subhânallâh! Das ist nicht wahr, oder? So ein Tawâfuk[25]! Und das hast du dir heute angehört?“ – „Ja, noch bevor wir das Hotel verlassen haben. So was kann niemals Zufall sein. ‚Warum lesen wir im Gebet immer die Sure Fâtiha?‘ Genau das, was du gerade gefragt hast!“ Ich richte meinen erstaunten Blick vom Bildschirm auf und schaue Amina in die Augen. Ihre Augen füllen sich mit glitzernden Tränen. Genau wie meine auch. Als ich sie so sehe, fließen die Tränen meine Wangen herunter. Wir öffnen unsere Arme und umarmen uns fest. Dabei frage ich

---

25 Göttlich motivierter Zufall. Tawâfuk wird dann benutzt, wenn etwas Unerwartetes, Plötzliches, aber für die aktuelle Situation Passendes geschieht. Es ist ein Zufall, der beinhaltet, dass es von Allah initiiert wurde. Da ein Muslim an die Fügung und das Schicksal Allahs glaubt, ist er davon überzeugt, dass alles mit seiner Weisheit passiert und benennt solche Situationen als Tawâfuk.

mich, warum mich diese Situation so berührt. Ich habe ja noch keine Antwort auf meine Frage erhalten. Was ist es denn genau, was mir so ans Herz geht?

Plötzlich unterbricht eine Frage meine Gedanken: „Warum weinst du denn jetzt?“, fragt mich Amina mit einer etwas scherzenden Stimme. „Weißt du, ich glaube dieses Gefühl, dass Allah dich ernst nimmt und möchte, dass du einigen Weisheiten nahekommst, ist rührend. Es ist etwas so Persönliches, etwas ganz Inniges“, antworte ich glücklich und lächelnd. Meine Augen schauen Amina schwärmend an. „Du hast recht. Genau! Abgesehen von der Antwort auf die Frage... Diese Bindung ist so unglaublich erfüllend. Das hat mich auch so tief berührt Hafsa.“ Stille kehrt ein. Für einen kurzen Moment schauen wir beide auf das Handy. Wir lassen unsere Gefühle und Gedanken etwas sacken. Und dann holt mich meine Neugier wieder ein: „Aber ja! Da ist bestimmt etwas im Video dabei, was meine Frage beantworten könnte, oder?“ Amina schüttelt verwirrt ihren Kopf und versucht die Frage aufzunehmen: „Ich denke schon. Da erzählt der Referent, dass die Sure Fâtiha die Einführung des Korans ist. Sie beinhaltet alle Themen, die im Koran erwähnt werden. Wir erfahren von Allah und seinen Eigenschaften und Namen, die wir beim Verstehen des Korans benötigen: Allah, Hamd, ar-Rahman, ar-Rahîm, ar-Rabb, al-Malik. Das bedeutet: wir sind ihm alles schuldig, er ist barmherzig zu uns, er achtet auf uns und unsere Bedürfnisse, wir sind für ihn wertvoll, er ist unser Erzieher. Das ist der springende Punkt: Wir sind auf ihn angewiesen. Deswegen sagen wir in der Sure Fâtiha: ‚Wir beten nur dich an und nur dich bitten wir um Hilfe.‘ Wir sind seine Diener. Unsere Gebete, unsere Ibâdas sind ein Zeichen für unsere demütige Ergebenheit. Und weil wir auf Allah angewiesen sind, brauchen wir immer seine Rechtleitung (Hidâya). Nur Allah kann uns Rechtleitung geben. In allen Bereichen des Lebens

Die Verse der Fâtiha fassen die Bewegungen unseres Körpers im Gebet in Worte. Die Fâtiha ist verbalisierte Form dessen, was mein Körper ausführt.

können und werden wir Fehler begehen oder unschlüssig sein. Und diese Hidâya zeigt uns Allah über Menschen, die das Gleiche erlebt haben. Im Koran haben wir dafür gute Beispiele und auch schlechte."

Sehr erstaunt über diese kurzen, aber informativen Einblicke versuche ich zu verstehen: „Wow, subhânallâh! Also ist die Sure Fâtiha quasi wie ein Spiegel des Menschen. Sie erinnert mich daran, dass ich einst nichts Erwähnenswertes war. Meine Existenz mit all ihren Gaben habe ich allein Allah zu verdanken. Vor allem hören seine Gaben nie auf. Und das passt so hervorragend zum Gebet, nicht wahr? Wir stehen vor ihm, beugen uns vor ihm, voller Demut. Ja, die Verse der Fâtiha fassen die Bewegungen unseres Körpers im Gebet in Worte. Die Fâtiha ist verbalisierte Form dessen, was mein Körper ausführt." Als würde mir ein großer Stein vom Herzen fallen, atme ich tief ein und aus. Eine geschmeidige Wärme und Ruhe erfüllen mein Herz und ein beseligtes Lächeln macht sich in meinem Gesicht breit. Ich schaue kurz träumend in Richtung Moscheekuppel: „Weißt du Amina, diese perfekte Harmonie zwischen Mensch und Koran fasziniert mich. Ich bin einfach jedes Mal überwältigt. Es ist so, als würde sich jede einzelne Körperzelle bei mir neu ausrichten. So frisch und dynamisch fühlt sich das an. Wie makellos doch Allah ist!"

Die Fâtiha näher betrachtet

Die meisten von uns haben von der Fâtiha irgendwo gehört, sie gelesen oder gesehen. Falls nicht, müssen wir nur die erste Seite des Korans aufschlagen und schon begegnen wir ihr. Man könnte daraus schließen, es wären die allerersten Verse, mit denen Allah zu unserem Propheten (s) sprach. Das liegt nahe: Erste Seite Sure Fâtiha, erster Vers von Allah überhaupt. Dem ist jedoch nicht so.

Die Sure Fâtiha ist zwar die erste Sure, die als Ganzes offenbart wurde, doch nicht die erste überhaupt. Die ersten fünf Verse der Sure Alak sind es, die als erstes offenbart wurden. Da kommt die Frage auf, warum dann die Sure Fâtiha am Anfang des Korans steht? Es gibt insgesamt 114 Suren im Koran. Wieso nicht irgendeine andere Sure? Und mal ganz abgesehen davon: Warum kann ein Gebet nicht ohne diese Sure verrichtet werden? Wenn er es sagt, muss da etwas Großes dran sein. Was hat es also auf sich mit dieser Sure?

Die Sorgfalt und Achtsamkeit unseres Propheten Muhammad (s), wenn es um Allahs Wort geht, steht außer Frage. Deswegen müssen wir als allererstes wissen: Er drückt höchstpersönlich die Bedeutung der Sure Fâtiha im Koran aus. Und noch interessanter ist: Er gibt der Sure Fâtiha verschiedene Namen. Beispielsweise mit „Fâtihat al-Kitâb" (die Eröffnende des Buches), „Umm al-Kitâb" (Mutter des Buches) und „Sab al-Mathâni" (die oft wiederholten sieben Verse). Sind diese Namen nicht sehr auffällig? Wir müssen wissen, dass es sich dabei nicht einfach um Bezeichnungen handelt. Es sind eigentlich Eigenschaften. Ja, sie klingen sogar wie ein Eintrag im Lexikon. Somit kommen wir unserer Frage etwas näher. Schauen wir uns das mal genauer an.

Verlassen wir das Haus, dann schließen wir hinter uns die Tür ab. Wenn wir unsere Arbeit am Handy beendet haben, dann schließen wir das Display und legen es zur Seite. Läutet die Schulglocke, wissen wir: Der Unterricht ist aus und wir können nach Hause. Trinken wir unsere Flasche aus, dann entsorgen wir sie. Lesen wir den Koran, dann klappen wir den Buchdeckel zu und stellen ihn wieder in den Schrank. Hmm, ist es wirklich so? Praktisch gesehen, tun wir das alles regelmäßig. Doch wenn wir den Koran lesen, schließen wir nicht einfach das Buch und legen es zurück. Ganz gleich welche Sure, ganz gleich wie viele Verse aus dem Koran wir

Ganz gleich welche Sure, ganz gleich wie viele Verse aus dem Koran wir lesen, jedes Mal lesen wir zum Abschluss die Sure Fâtiha. Praktisch machen wir den Deckel zwar zu, in Wirklichkeit bleibt das Buch immer offen.

lesen, jedes Mal lesen wir zum Abschluss die Sure fat. Praktisch machen wir den Deckel zwar zu, in Wirklichkeit bleibt das Buch immer offen. Abschluss ist hier das Stichwort! Wir schließen den Koran immer mit einer offenen Tür ab. Auch nach dem Pflichtgebet. Nicht nur während des Gebets rezitieren wir die Sure Fâtiha. Jedes Duâ beenden wir mit der Sure Fâtiha.

Und was bedeutet jetzt „mit einer offenen Tür abschließen"? Wir sagen damit eigentlich: Die Verbindung zu Allah endet nie. Praktischerweise endet zwar jede Ibâda. Die Bindung und Verbindung zu Allah und zum Koran jedoch enden nie. Unsere Religion ist nicht begrenzt auf das Gelesene oder auf bestimmte Bewegungen. Unsere Religion ist „das" Leben an sich. Ibâda ist nicht beschränkt auf Gebet, Fasten, Hadsch, Zakat. Sogar Schlafen kann als Ibâda zählen. Wenn wir beispielsweise früh schlafen gehen, um das Morgengebet nicht zu verpassen, ist Schlafen eine Ibâda. Es ist wie Atmen. Der Mensch atmet ohne Unterlass. Sein Leben lang. Trotzdem gelangt er nie an einen Punkt, an dem er sagt: „Hu, das reicht aber jetzt mit dem Atmen. Das ist zu viel." Die Sure Fâtiha symbolisiert unser stetiges Bedürfnis nach der Bindung zu Allah. Denn sie ist die Nahrung unseres Herzens. Mit ihr pflegen wir unsere Herzenskultur. Damit wir auch nach dem Pflichtgebet, nach dem Koranlesen, nach der Hadsch und nach dem Tod die Gewissheit nicht verlieren: Ich gehöre nur Allah. Nun ist die spannende Frage: Was macht diese Gewissheit mit uns?

Es ist ein ungeschriebenes Gesetz: Man ist der Durchschnitt der fünf Menschen, mit denen man die meiste Zeit verbringt. Die Art und Weise, wie man auf Dinge schaut, sie betrachtet, bewertet, empfindet, deutet, nimmt dabei oftmals die gleiche Farbe an. Im Koran beschreibt Allah zum Beispiel eine Szene aus dem Paradies. Dort befindet sich einer seiner Diener. Ihm fällt plötzlich sein Freund ein, der einst im Diesseits den Jüngsten Tag leugnete. Er möchte gerne wissen, wie es ihm heute ergeht. Als ihm seine schlechte Lage gezeigt wird, sagt er: „Bei Allah, beinahe hättest du mich ins Verderben gestürzt."[26] Es ist also durchaus möglich, sich mit schlechtem Verhalten gegenseitig zu beeinflussen. Das geschieht meist unbewusst. So ähnlich verhält es sich mit dem Koran. Wenn wir beispielsweise zornig an den Koran herangehen, lesen wir aus ihm Zorn heraus. Wenn wir mit Furcht an ihn herangehen, lesen wir Fürchterliches heraus. Was schließen wir daraus? Wir brauchen eine angemessene Linse, um den Koran wirklich und anständig verstehen zu können. Nicht nur das. „Die Schönheit liegt im Auge des Betrachters". heißt es treffend. Wir brauchen solch eine Linse im ganzen Leben. Wir benötigen eine richtige Herangehensweise an die Dinge und Geschehnisse. Das ist genau das, was diese Gewissheit mit uns macht: Sie verleiht uns eine reinere Linse.

---

26 Sure Saffât, 37:50-56

Man ist der
Durchschnitt
der fünf Menschen, mit
denen man die meiste
Zeit verbringt. Die
Art und Weise, wie man
auf Dinge schaut, sie
betrachtet, bewertet,
empfindet, deutet,
nimmt dabei oftmals
die gleiche Farbe an.

Die Frage ist jetzt:

Einmal Gewissheit, immer Gewissheit? Anders ausgedrückt: Wenn wir einmal so eine reine Linse aufgesetzt haben, sind wir dann gerettet? Dann haben wir alle Geheimnisse des Lebens enthüllt und sind auf der sicheren Seite, dann kann uns nichts mehr entmutigen, oder?

Das klingt eigentlich sehr schön und harmonisch. Die Wahrheit des Menschen ist aber anders. Wir wachen morgens auf. Unser Magen knurrt. Wir haben Durst. Wir laufen in die Küche, schlagen den Kühlschrank auf und bereiten einen Frühstückstisch vor. Dazu kaufen wir noch leckere, frische Brötchen vom Bäcker nebenan. Wir füllen unseren Magen und stillen unseren Durst. Nach dem Essen denken wir öfters: „Das war gut! Ich glaube aber, ich werde jetzt lange Zeit nichts mehr essen können." Und was passiert schon nach zwei bis drei Stunden? Unser Magen knurrt erneut, unser Durst macht sich wieder bemerkbar. Wir als Menschen sind stets bedürftig: Nach Essen, Trinken, sauberer Kleidung, nach Sauberkeit allgemein, nach Schlaf. All dies machen wir nicht nur einmal, wir können diese Dinge nicht nach einmaligem Tun für das ganze Leben abschließen. Nein, immer wieder aufs Neue, immer wieder von vorne. Das ist das Herzstück unserer „reinen" Linse. So wie das Glas einer Brille irgendwann beschmutzt sein wird, wird unsere Linse auch schmutzig werden. Unser reiner Blick wird abschwächen. Für einen guten Blick muss das Brillenglas gesäubert werden. Genauso muss unser getrübter

Blick gestärkt, die Linse wieder bereinigt werden. Das führt uns zur Rechtleitung, um die wir jedes Mal in der Sure Fâtiha bitten.

Jetzt mag die Frage aufkommen: Warum ist das so? Hidâya benötigen doch diejenigen, die noch keine Muslime sind. Sie erfahren Rechtleitung, finden zum Islam, sprechen die Schahada und werden Muslime. Das ist Hidâya. Wurde etwa etwas falsch verstanden? Das Pflichtgebet beten wir. Genauer gesagt: Das Gebet wird erst zur Pflicht, wenn man gläubig ist. Was für eine Art der Hidâya ist es dann, für die wir ständig in der Sure Fâtiha bitten? Verlieren wir etwa unseren Iman (Glauben) und merken es nicht? Worum genau geht es?

Stellen wir uns vor, wir haben uns in einer Wüste verirrt. Überall nur Sand. Es gibt weder rechts noch links. Wir wissen nicht, wo vorwärts oder rückwärts ist. Beim Laufen mögen wir denken: „Das ist der richtige Weg. Ich muss so entlang.“ Im Wesentlichen aber drehen wir uns im Kreis und befinden uns da, wo wir angefangen haben. Dann taucht plötzlich ein Helikopter auf, wirft uns eine Flasche Wasser runter und verschwindet wieder, ohne uns den Weg zu zeigen. Ist das in dieser Situation das, was wir benötigen? Hmm, eigentlich nicht, oder? Das größte Geschenk wäre das Wissen darüber, in welche Richtung wir nun gehen müssen. Also? Hidâya. Denn Hidâya bedeutet wortwörtlich: Jemand Verschollenem den Weg weisen. Ein Herz, das nach Ruhe strebt und Zufriedenheit begehrt, ist immer auf die Hidâya Allahs angewiesen. Denn die Empfindungen des Herzens sind im ständigen Wechsel. Sie brauchen immer eine Wegweisung. Zum Beispiel: Wenn jemand neben uns einen unserer Freunde schlechtredet und wir es im ersten Moment nicht tragisch finden und sogar dazu neigen dem Tratsch Gesellschaft zu leisten. In solch einem Moment fällt uns aber ein: „Allah sagt im Koran, dass das nicht in Ordnung ist.“ Sich dann nach dem Wort Allahs zu richten, ist Hidâya. Der

Gedanke „Ach, ist doch egal. Passiert ja nichts. Wir quatschen ein bisschen und gut ist. Dafür werden wir ja nicht eingesperrt oder erleben nichts Einschränkendes“ könnte kommen. Der Punkt ist aber: Unser Iman und die Ruhe in unserem Herz erleiden Schaden. Genau das will Allah mit Hidâya vermeiden. Er möchte, dass die Ruhe in unserem Herz so konstant wie möglich ist und bleibt, damit wir uns nicht in Respektlosigkeiten verlieren. Das kann in einer so kurzen Zeitspanne wie zwischen zwei Pflichtgebeten passieren. Die inneren und äußeren Einflüsse schweigen nie.

Was können wir daraus schließen? Allah zeigt uns durch das Prinzip der Hidâya: Wir werden auf der Erde niemals angekommen sein. Wir sollen beständig darum bemüht sein, auf dem geraden Weg zu bleiben. Was bedeutet Bemühung? Kontinuität, Dauerhaftigkeit, Beharrlichkeit! Wir brauchen die ständige Bindung zu Allah. Denn Allah ist schön und liebt das Schöne. Schönheit geht von ihm aus. Wir bleiben schön, wenn wir unsere Verbindung zu ihm in Demut pflegen. Hidâya ist ein Kontrollmechanismus, mit dem wir prüfen, ob wir von unserem Weg abgeirrt sind: „Bin ich in dieser Situation, in dieser Lage, in diesem Gespräch, in dieser Umgebung, neben diesem und jenem Menschen, beim Einkaufen, beim Surfen im Internet, beim Gebet weiterhin auf dem geraden Weg? Bin ich noch immer schön? Oder verirre ich mich gerade?“ Dafür haben wir die Sure Fâtiha in unserem Leben.

Denn Allah ist schön und liebt das Schöne. Schönheit geht von ihm aus.

Hidâya ist das Wertvollste, worum ein Geschöpf Allah bitten kann. Denn sie beinhaltet alles, was ein Mensch für das Diesseits braucht: ein unbefangenes, ruhiges Herz. Ein ruhiges Herz bedeutet: eine erfüllte Seele. Eine erfüllte Seele bedeutet: das höchstmögliche Glück im Diesseits wie im Jenseits.

ANHANG

AZÂN - DER RUF ZUM GEBET

DAS GEBET - WISSEN WIE ES GEHT

BITTGEBETE UND SUREN IM GEBET

GLOSSAR

AZÂN
DER RUF ZUM GEBET

اَللّٰهُ اَكْبَرُ

أَشْهَدُ اَنْ لَآ اِلٰهَ اِلَّا اللّٰهُ

أَشْهَدُ أَنَّ مُحَمَّدًا رَسُولُ اللّٰهِ

حَيَّ عَلَى الصَّلَاةِ

حَيَّ عَلَى الْفَلَاحِ

اَلصَّلَاةُ خَيْرٌ مِنَ النَّوْمِ

اَللّٰهُ اَكْبَرُ

لَآ اِلٰهَ اِلَّا اللّٰهُ

Allah ist am größten (4x)
Ich bezeuge, es gibt keine Gottheit außer Allah (2x)
Ich bezeuge, Muhammad ist Allahs Gesandter (2x)
Auf zum Gebet (2x)
Auf zur Erlösung (2x)
Das Gebet ist besser als der Schlaf
(2x nur beim Morgengebet)
Allah ist am größten (2x)
Es gibt keine Gottheit außer Allah (1x)

BITTGEBETE NACH DEM AZÂN

اَللّٰهُمَّ رَبَّ هٰذِهِ الدَّعْوَةِ التَّامَّةِ

وَالصَّلَاةِ الْقَائِمَةِ

اٰتِ مُحَمَّدًا اَلْوَسِيلَةَ وَالْفَضِيلَةَ وَالدَّرَجَةَالرَّفِيعَة

وَابْعَثْهُ مَقَامًا مَحْمُودًا الَّذِي وَعَدْتَهُ

إِنَّكَ لَا تُخْلِفُ الْمِيعَادَ ❊

„O Allah, Herr dieses vollkommenen Glaubens und des immerwährenden Gebets, erhöhe den Ruhm Muhammads und führe ihn zur erhabenen Stellung, die du ihm versprochen hast."

DAS GEBET
WISSEN WIE ES GEHT

DIE GEBETSEINHEITEN (RAKAS)

Es ist wichtig, die Gebete zur richtigen Zeit zu verrichten. Die Gebetszeiten werden entsprechend des Stands der Sonne bestimmt. Heute kann man sie astronomisch berechnen.

GEBET	Erste Sunna	Pflicht (Farz)	Letzte Sunna	Witr (Wâdschib)	Gesamt
Morgengebet	2	2			4
Mittagsgebet	4	4	2		10
Nachmittagsgebet	4	4			8
Abendgebet		3	2		5
Nachtgebet	4	4	2	3	13
Gesamt	14	17	6	3	40

DER GEBETSABLAUF

Im Folgenden ist abgebildet, wie eine Gebetseinheit (Raka) durchgeführt wird. Männer und Frauen führen einige Bewegungen unterschiedlich aus (s. Illustrationen).

Sind alle Voraussetzungen getroffen, wie das Eintreffen der Gebetszeit, die Ausführung der Gebetsreinigung, stellt man sich in Richtung Kibla auf und fasst die Absicht das jeweilige Gebet zu verrichten. Zum Beispiel:

TAKBÎR

In Richtung Kibla stehend hebt man die Hände und spricht „**Allâhu akbar**“ („Allah ist der Größte“).

→ **Frauen:** Frauen heben ihre Hände bis zur Höhe ihrer Schultern.

→ **Männer:** Männer heben ihre Hände so, dass sie mit den Daumen ihre Ohrläppchen berühren. Die Handinnenflächen zeigen in Richtung Kibla.

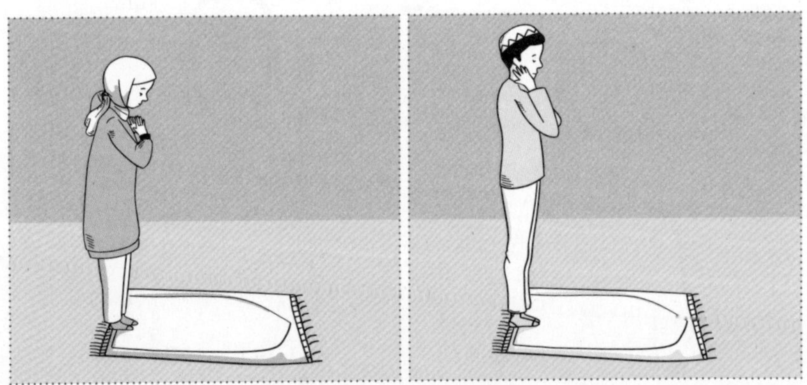

KIYÂM UND KIRÂT – DAS STEHEN UND REZITIEREN

Hier steht man aufrecht und gerade. Die Hände sind verschränkt, wie auf den Illustrationen. Der Blick ist auf die Stelle der Niederwerfung gerichtet. Im Stehen werden Verse aus dem Koran und Bittgebete rezitiert:

- **Subhânaka**
- **Aûzu Basmala**
- **Sure Fâtiha**
- **Eine weitere Sure bzw. 3 kurze Verse oder ein langer Vers**

→ **Frauen:** Frauen verschränken ihre Hände oberhalb ihrer Brust. Dabei liegt die rechte Hand auf der linken, ohne sie dabei zu umfassen.

→ **Männer:** Männer verschränken ihre Hände unterhalb ihres Bauchnabels. Dabei legen sie den kleinen Finger der rechten Hand auf den Daumen über dem linken Handgelenk.

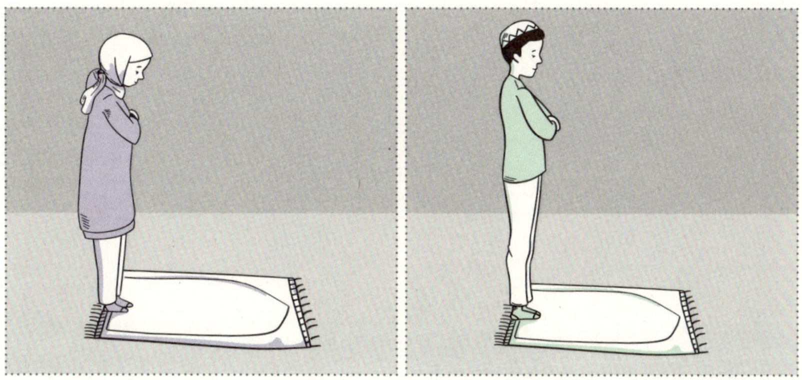

RUKÛ – DIE VERBEUGUNG

Nach der kurzen Sure oder den drei Koranversen spricht der Betende „Allâhu akbar" und verbeugt sich vor Allah. Dabei blickt er auf seine Zehenspitzen und spricht dreimal **„Subhâna Rabbiyal Azîm"** („Gepriesen ist mein Herr, der Erhabene")

→ **Frauen:** Frauen verbeugen sich etwas weniger als Männer. Sie legen ihre Hände ebenfalls auf ihre Knie, wobei diese nicht ganz durchgedrückt sind.

→ **Männer:** Im Rukû verbeugen sich Männer mit einem geraden Rücken. Dabei legen sie die Hände auf ihre Knie und spreizen gleichzeitig ihre Finger. Dabei sind Knie und Ellenbogen gerade.

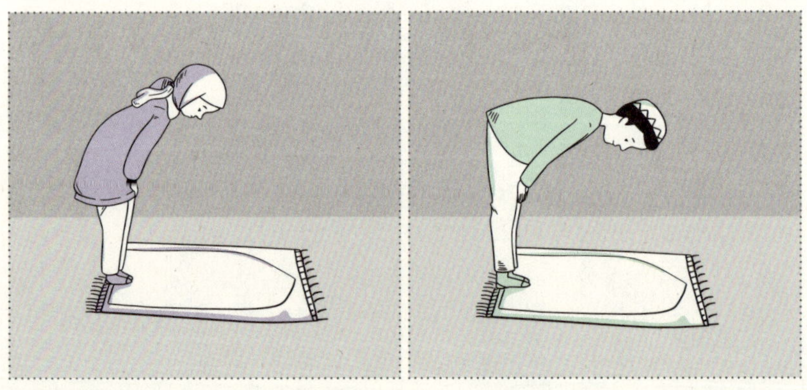

DAS AUFRICHTEN NACH DER VERBEUGUNG

Nach der Verbeugung spricht man während des Aufrichtens **„Sami Allâhu liman hamidah"** („Allah hört denjenigen, der ihn lobpreist.")

Ist man aufgerichtet, spricht man „Rabbanâ lakal hamd" („Unser Herr, dir allein gebührt Lob")

→ **Männer und Frauen** lassen im Stehen die Hände neben dem Körper hängen und blicken auf die Stelle der Niederwerfung.

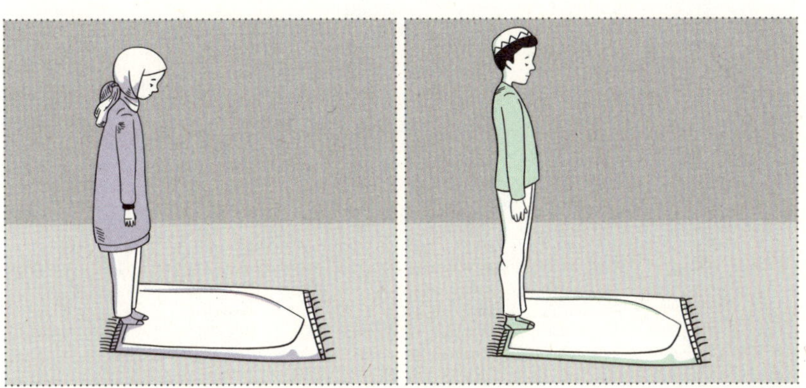

DIE SADSCHDA

Dann spricht der Betende „**Allâhu akbar**" und wirft sich nieder. Erst berühren die Handinnenflächen, dann die Stirn und die Nase den Boden. Die Stirn befindet sich zwischen den beiden Händen. Die Füße dürfen nicht angehoben werden. Während der Sadschda spricht man dreimal „**Subhâna Rabbiyal Alâ**" (bedeutet „Vollkommen ist mein Herr, der Allerhöchste")

→ **Wichtig ist, dass die Ellenbogen den Boden nicht berühren.**

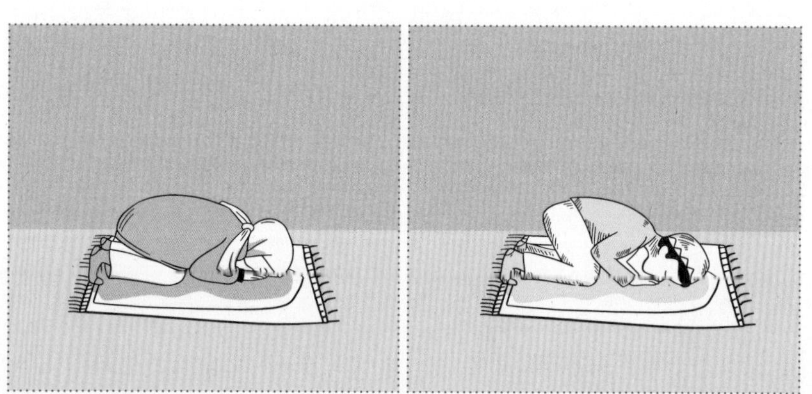

DIE ZWEITE NIEDERWERFUNG

Der Betende spricht „Allâhu akbar" und richtet seinen Oberkörper nach der ersten Niederwerfung auf. Im Fersensitz legt man die Hände auf die Knie und blickt auch auf die Knie. Die Dauer des Sitzens ist kurz, als würde man einmal „Subhanallâh" sprechen.

Daraufhin spricht man erneut „Allâhu akbar" und geht in die Niederwerfung. Dort sagt man dreimal „Subhâna Rabbiyal Alâ". Dann steht man wieder auf. Zuerst mit der Stirn, dann mit den Händen. Sobald man wieder steht, ist die erste Gebetseinheit beendet.

→ **Frauen:** Bei Frauen sind die Füße im Sitzen nach rechts ausgerichtet.

→ **Männer:** Während des Sitzens zwischen beiden Sadschdas sitzen Männer in der Sitzposition auf dem linken Fuß. Der rechte Fuß zeigt in Richtung Kibla, wobei er sich auf den Zehenspitzen abstützt.

Nach Abschluss der ersten Gebetseinheit, wiederholt sich die zweite Gebetseinheit in derselben Reihenfolge.

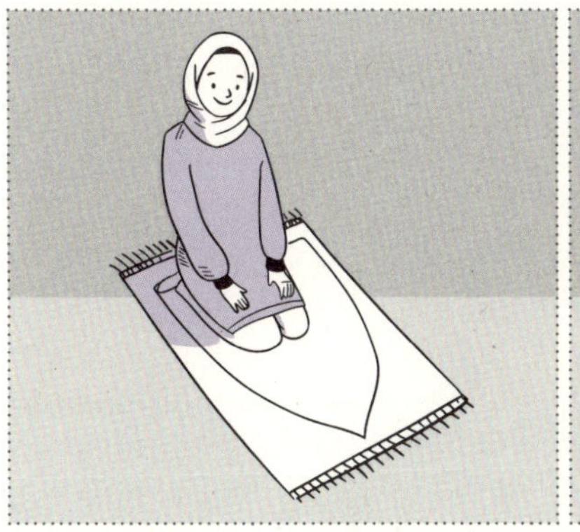

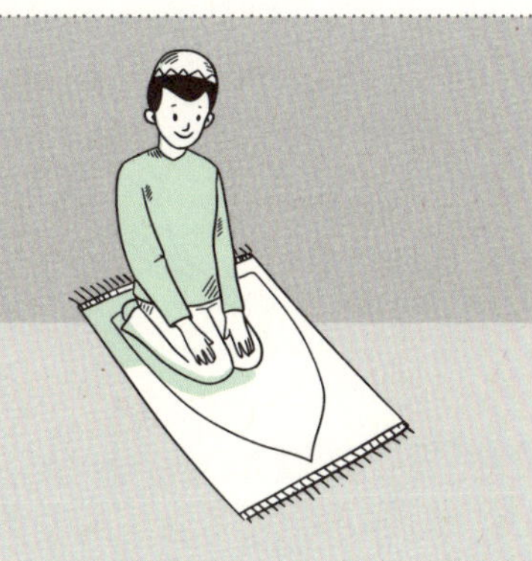

DAS LETZTE SITZEN

Um das Gebet abzuschließen, bleibt man nach der zweiten oder nach der vierten Gebetseinheit sitzen und spricht der Reihe nach:

- **Das Tahiyyât**
- **Allâhumma Salli & Allâhumma Bârik**
- **Rabbanâ**

Zuletzt spricht man die Grußformel „**Assalâmu alaykum wa rahmatullâh**“ und wendet sein Gesicht zuerst auf seine rechte, dann auf seine linke Schulter. Damit ist das Gebet beendet.

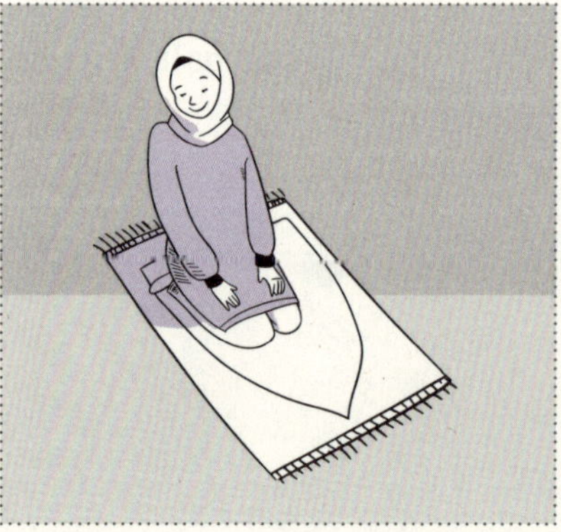

Wenn einer von euch betet, spricht er mit seinem Herrn.

(Buhârî, Salât, 36)

BITTGEBETE UND SUREN IM GEBET

SUBHÂNAKA

سُبْحَانَكَ اللّٰهُمَّ وَبِحَمْدِكَ ✽ وَتَبَارَكَ اسْمُكَ ✽
وَتَعَالٰى جَدُّكَ ✽ (وَجَلَّ ثَنَاؤُكَ) ✽ وَلَآ اِلٰهَ غَيْرُكَ ✽

„Preis sei dir, o Allah, und Lob sei dir, und gesegnet ist dein Name, und hoch erhaben ist deine Herrschaft, (Dich zu loben, ist erhaben) und es gibt keinen Gott außer dir."

TAHIYYÂT

اَلتَّحِيَّاتُ لِلّٰهِ وَالصَّلَوَاتُ وَالطَّيِّبَاتُ ✽ اَلسَّلَامُ عَلَيْكَ
اَيُّهَا النَّبِيُّ وَرَحْمَةُ اللّٰهِ وَبَرَكَاتُهُ ✽ اَلسَّلَامُ عَلَيْنَا وَعَلٰى
عِبَادِ اللّٰهِ الصَّالِحِينَ ✽ اَشْهَدُ اَنْ لَآ اِلٰهَ اِلَّا اللّٰهُ ✽ وَاَشْهَدُ اَنَّ مُحَمَّدًا
عَبْدُهُ وَرَسُولُهُ ✽

„Ehre sei Allah und Anbetung und Heiligkeit. Friede sei mit dir, o Prophet, und die Barmherzigkeit Allahs und seine Segnungen. Friede sei mit uns und den frommen Dienern Allahs. Ich bezeuge, dass es keinen Gott gibt außer Allah, und ich bezeuge, dass Muhammad sein Diener und Gesandter ist."

ALLÂHUMMA SALLI

اَللّٰهُمَّ صَلِّ عَلٰى مُحَمَّدٍ وَعَلٰى اٰلِ مُحَمَّدٍ * كَمَا صَلَّيْتَ
عَلٰى اِبْرَاهِيمَ وَعَلٰى اٰلِ اِبْرَاهِيمَ * اِنَّكَ حَمِيدٌ مَجِيدٌ *

„Allah, segne Muhammad und seine Nachfolger wie du Ibrâhîm und seine Nachfolger gesegnet hast. Wahrlich, du bist der zu Lobende, der Ruhmreiche."

ALLÂHUMMA BARIK

اَللّٰهُمَّ بَارِكْ عَلٰى مُحَمَّدٍ وَعَلٰى اٰلِ مُحَمَّدٍ * كَمَا بَارَكْتَ
عَلٰى اِبْرَاهِيمَ وَعَلٰى اٰلِ اِبْرَاهِيمَ * اِنَّكَ حَمِيدٌ مَجِيدٌ *

„Allah, segne Muhammad und seine Nachfolger wie du Ibrâhîm und seine Nachfolger gesegnet hast. Wahrlich, du bist der zu Lobende, der Ruhmreiche."

RABBANÂ

رَبَّنَا اٰتِنَا فِي الدُّنْيَا حَسَنَةً وَفِي الْاٰخِرَةِ حَسَنَةً وَقِنَا عَذَابَ النَّارِ *
رَبَّنَا اغْفِرْ لِي وَلِوَالِدَيَّ وَلِلْمُؤْمِنِينَ يَوْمَ يَقُومُ الْحِسَابُ *

„Unser Herr, gib uns im Diesseits Gutes und im Jenseits Gutes und schütze uns vor der Strafe des Feuers. O unser Herr! Vergib mir und meinen Eltern und den Gläubigen am Tage der Rechenschaft!"

DUA AL - KUNÛT 1

اَللّٰهُمَّ اِنَّا نَسْتَعِينُكَ وَنَسْتَغْفِرُكَ وَنَسْتَهْدِيكَ ❋ وَنُؤْمِنُ بِكَ وَنَتُوبُ
اِلَيْكَ ❋ وَنَتَوَكَّلُ عَلَيْكَ وَنُثْنِي عَلَيْكَ الْخَيْـرَ كُلَّهُ نَشْكُرُكَ وَلَا نَكْفُرُكَ
وَنَخْلَعُ وَنَـتْـرُكُ مَنْ يَفْجُرُكَ ❋

„O Allah, du bist es, den wir um Hilfe, Vergebung und Rechtleitung bitten. An dich glauben wir, vor dir bereuen wir und dir alleine vertrauen wir. Dir allein verdanken wir alles Gute und wir leugnen dich nicht. Wir wenden uns von denen ab, die dich verleugnen und verlassen sie."

DUA AL - KUNÛT 2

اَللّٰهُمَّ اِيَّاكَ نَعْبُدُ وَلَكَ نُصَلِّي وَنَسْجُدُ ❋ وَ اِلَيْكَ نَسْعٰى
وَنَحْفِدُ ❋ نَرْجُوا رَحْمَتَكَ وَنَخْشٰى عَذَابَكَ ❋
اِنَّ عَذَابَكَ بِالْكُفَّارِ مُلْحِقٌ ❋

„O Allah, dich allein beten wir an, für dich allein verrichten wir das Gebet und vor dir allein werfen wir uns nieder. Wir bemühen uns mit aller Kraft dir näher zu kommen. Wir kommen mit Freude den Ibâdas nach und hoffen auf deine Barmherzigkeit. Wir fürchten deine Strafe, denn gewiss wird sie alle treffen, die dich leugnen."

SURE FÂTIHA

بِسْمِ اللّٰهِ الرَّحْمٰنِ الرَّح۪يمِ

اَلْحَمْدُ لِلّٰهِ رَبِّ الْعَالَم۪ينَۙ ﴿٢﴾ اَلرَّحْمٰنِ الرَّح۪يمِۙ ﴿٣﴾ مَالِكِ
يَوْمِ الدّ۪ينِۜ ﴿٤﴾ اِيَّاكَ نَعْبُدُ وَ اِيَّاكَ نَسْتَع۪ينُۜ ﴿٥﴾ اِهْدِنَا الصِّرَاطَ
الْمُسْتَق۪يمَۙ ﴿٦﴾ صِرَاطَ الَّذ۪ينَ اَنْعَمْتَ عَلَيْهِمْۙ
غَيْرِ الْمَغْضُوبِ عَلَيْهِمْ وَلَا الضَّٓالّ۪ينَ ﴿٧﴾

„Im Namen Allahs, des Gnädigen, des Barmherzigen. Lob sei Allah, dem Herrn der Welten, dem Gnädigen, dem Barmherzigen. Dem König am Tage des Gerichts. Nur dir dienen wir, und dich allein bitten wir um Hilfe. Führe uns den geraden Weg; den Weg derer, die du gesegnet hast, nicht derer, denen du zornig bist, und nicht der Irregehenden!“

SURE FÎL

بِسْمِ اللّٰهِ الرَّحْمٰنِ الرَّح۪يمِ

اَلَمْ تَرَ كَيْفَ فَعَلَ رَبُّكَ بِاَصْحَابِ الْف۪يلِ ﴿١﴾
اَلَمْ يَجْعَلْ كَيْدَهُمْ ف۪ي تَضْل۪يلٍ ﴿٢﴾ وَاَرْسَلَ عَلَيْهِمْ طَيْرًا اَبَاب۪يلَ ﴿٣﴾
تَرْم۪يهِمْ بِحِجَارَةٍ مِنْ سِجّ۪يلٍ ﴿٤﴾ فَجَعَلَهُمْ كَعَصْفٍ مَأْكُولٍ ﴿٥﴾

„Hast du nicht gesehen, wie dein Herr mit den Leuten des Elefanten verfuhr? Hat er nicht ihren Plan scheitern lassen und Vögel in Scharen über sie geschickt, die sie mit Steinen aus gebranntem Ton bewarfen? Dann machte er sie wie ein abgefressenes Feld."

SURE KURAYSCH

بِسْمِ اللّٰهِ الرَّحْمٰنِ الرَّح۪يمِ

لِا۪يلَافِ قُرَيْشٍ ﴿١﴾ ا۪يلَافِهِمْ رِحْلَةَ الشِّتَٓاءِ وَالصَّيْفِ ﴿٢﴾ فَلْيَعْبُدُوا
رَبَّ هٰذَا الْبَيْتِ ﴿٣﴾ اَلَّذ۪ٓي اَطْعَمَهُمْ مِنْ جُوعٍ
وَاٰمَنَهُمْ مِنْ خَوْفٍ ﴿٤﴾

„Auf dass die Kuraysch (zu ihrer Sicherheit) zusammenhalten, zusammenhalten bei ihren Winter- und Sommerkarawanen! So mögen sie dem Herrn dieses Hauses dienen, der sie mit Nahrung gegen den Hunger versieht und sie sicher macht vor (Anlässen zur) Furcht."

SURE MÂÛN

بِسْمِ اللّٰهِ الرَّحْمٰنِ الرَّحِيمِ

اَرَاَيْتَ الَّذٖى يُكَذِّبُ بِالدّٖينِ ۜ ﴿١﴾ فَذٰلِكَ الَّذٖى يَدُعُّ الْيَتٖيمَ ۙ ﴿٢﴾ وَلَا
يَحُضُّ عَلٰى طَعَامِ الْمِسْكٖينِ ۜ ﴿٣﴾ فَوَيْلٌ لِلْمُصَلّٖينَ ۙ ﴿٤﴾ اَلَّذٖينَ هُمْ
عَنْ صَلَاتِهِمْ سَاهُونَ ۙ ﴿٥﴾ اَلَّذٖينَ هُمْ يُرَاؤُنَ ۙ ﴿٦﴾
وَ يَمْنَعُونَ الْمَاعُونَ ﴿٧﴾

„Hast du den gesehen, der das (letzte) Gericht leugnet? Er ist es, der die Waise wegstößt und nicht zur Speisung des Armen anspornt. Wehe denn den Betenden, die in ihren Gebeten nachlässig sind, die nur dabei gesehen werden wollen und Hilfe versagen."

SURE KAWSAR

بِسْمِ اللّٰهِ الرَّحْمٰنِ الرَّحِيمِ

اِنَّٓا اَعْطَيْنَاكَ الْكَوْثَرَ ۜ ﴿١﴾ فَصَلِّ لِرَبِّكَ وَانْحَرْ ۜ ﴿٢﴾
اِنَّ شَانِئَكَ هُوَ الْاَبْتَرُ ﴿٣﴾

„Gewiss, wir haben dir (Gutes) im Überfluss gegeben. Darum bete zu deinem Herrn und opfere! Gewiss, dein Hasser, er wird von Nachfahren abgeschnitten sein."

SURE KÂFIRÛN

بِسْمِ اللّٰهِ الرَّحْمٰنِ الرَّح۪يمِ

قُلْ يَٓا اَيُّهَا الْكَافِرُونَۙ ﴿١﴾ لَٓا اَعْبُدُ مَا تَعْبُدُونَۙ ﴿٢﴾
وَلَٓا اَنْتُمْ عَابِدُونَ مَٓا اَعْبُدُۚ ﴿٣﴾ وَلَٓا اَنَا عَابِدٌ مَا عَبَدْتُمْۙ ﴿٤﴾ وَلَٓا اَنْتُمْ
عَابِدُونَ مَٓا اَعْبُدُۜ ﴿٥﴾ لَكُمْ د۪ينُكُمْ وَلِيَ د۪ينِ ﴿٦﴾

„Sprich: ‚O ihr Leugner! Ich verehre nicht, was ihr verehrt, und ihr verehrt nicht, was ich verehre. Und ich werde kein Verehrer dessen sein, was ihr verehrt, und ihr werdet kein Verehrer dessen sein, was ich verehre. Euch euer Glaube und mir mein Glaube!'"

SURE NASR

بِسْمِ اللّٰهِ الرَّحْمٰنِ الرَّح۪يمِ

اِذَا جَٓاءَ نَصْرُ اللّٰهِ وَالْفَتْحُۙ ﴿١﴾ وَرَاَيْتَ النَّاسَ يَدْخُلُونَ
ف۪ي د۪ينِ اللّٰهِ اَفْوَاجًاۙ ﴿٢﴾ فَسَبِّحْ بِحَمْدِ رَبِّكَ وَاسْتَغْفِرْهُۜ
اِنَّهُ كَانَ تَوَّابًا ﴿٣﴾

„Wenn Allahs Hilfe kommt und der Sieg und du die Menschen in Scharen in Allahs Religion eintreten siehst, dann lobpreise deinen Erhalter und bitte ihn um Verzeihung. Gewiss, er vergibt dem, der sich (ihm) in Reue zuwendet."

SURE TABBAT

بِسْمِ اللّٰهِ الرَّحْمٰنِ الرَّحِيمِ

تَبَّتْ يَدَآ اَبِى لَهَبٍ وَتَبَّؕ ﴿١﴾ مَآ اَغْنٰى عَنْهُ مَالُهُ
وَمَا كَسَبَؕ ﴿٢﴾ سَيَصْلٰى نَارًا ذَاتَ لَهَبٍۚ ﴿٣﴾ وَامْرَاَتُهُؕ
حَمَّالَةَ الْحَطَبِۚ ﴿٤﴾ فِى جِيدِهَا حَبْلٌ مِنْ مَسَدٍ ﴿٥﴾

„Zugrundegehen sollen die Hände von Abu Lahab. Und er selbst soll zugrunde gehen! Sein Gut und sein Gewinn sollen ihm nichts nützen. Er wird in einem lodernden Feuer brennen. Und seine Frau wird das Brennholz tragen mit einem Strick aus Palmfasern um ihren Hals."

SURE IHLÂS

بِسْمِ اللّٰهِ الرَّحْمٰنِ الرَّحِيمِ

قُلْ هُوَ اللّٰهُ اَحَدٌۚ ﴿١﴾ اَللّٰهُ الصَّمَدُۚ ﴿٢﴾ لَمْ يَلِدْ وَلَمْ يُولَدْۙ ﴿٣﴾
وَلَمْ يَكُنْ لَهُ كُفُوًا اَحَدٌ ﴿٤﴾

„Wenn Allahs Hilfe kommt und der Sieg und du die Menschen in Scharen in Allahs Religion eintreten siehst, dann lobpreise deinen Erhalter und bitte ihn um Verzeihung. Gewiss, er vergibt dem, der sich (ihm) in Reue zuwendet."

SURE FALAK

بِسْمِ اللّٰهِ الرَّحْمٰنِ الرَّح۪يمِ

قُلْ اَعُوذُ بِرَبِّ الْفَلَقِۙ ﴿١﴾ مِنْ شَرِّ مَا خَلَقَۙ ﴿٢﴾ وَمِنْ شَرِّ غَاسِقٍ اِذَا
وَقَبَۙ ﴿٣﴾ وَمِنْ شَرِّ النَّفَّاثَاتِ فِي الْعُقَدِۙ ﴿٤﴾
وَمِنْ شَرِّ حَاسِدٍ اِذَا حَسَدَ ﴿٥﴾

„Sprich: Ich suche Zuflucht zum Herrn des Morgengrauens vor dem Übel dessen, was er erschaffen hat, und vor dem Übel der Nacht, wenn sie sich verfinstert, und vor dem Übel der Knoten blasenden Magierinnen und vor dem Übel des Neiders, wenn er neidet."

SURE NÂS

بِسْمِ اللّٰهِ الرَّحْمٰنِ الرَّح۪يمِ

قُلْ اَعُوذُ بِرَبِّ النَّاسِۙ ﴿١﴾ مَلِكِ النَّاسِۙ ﴿٢﴾ اِلٰهِ النَّاسِۙ ﴿٣﴾ مِنْ شَرِّ
الْوَسْوَاسِ الْخَنَّاسِۙ ﴿٤﴾ اَلَّذ۪ي يُوَسْوِسُ ف۪ي
صُدُورِ النَّاسِۙ ﴿٥﴾ مِنَ الْجِنَّةِ وَالنَّاسِ ﴿٦﴾

„Sprich: Ich suche Zuflucht zum Herrn der Menschen, dem Herrscher der Menschen, dem Gott der Menschen, vor dem Übel des sich ein- und ausschleichenden Einflüsterers, der in die Herzen der Menschen einflüstert - (sei er) von den Dschinn oder den Menschen."

Das beste aller Heilmittel ist der Koran.

(Ibn Mâdscha, Tibb, 28)

GLOSSAR

Adam: Erster Mensch und gleichzeitig erster Prophet.

Adab: Anstand, Schicklichkeit; die Art und Weise, wie etwas getan wird.

Akşam: Türkisch für Abendgebet.

Alhamdulillâh: Arabisch. Begriff, um seine tiefe Dankbarkeit Allah gegenüber zum Ausdruck zu bringen.

Âlim (Pl. Ulemâ): Arabisch für Gelehrter. Wörtl: Wissender.

Allâhu Akbar: Allah ist größer. Ausruf der Freude oder des Erstaunens. In heutiger Zeit wird dieser Ausruf leider oft

Amin: Wird nach Bittgebeten gesagt, um den Wunsch ausdrücken, dass Allah es annimmt.

Andachtskette: Auch Tasbîh genannt. Zu einer Kette gefädelte Perlen, um die Anzahl der Lobpreisungen zu zählen.

Asr: Arabisch. Es bedeutet Zeit und Nachmittag. So wird das Nachmittagsgebet genannt und eine Sure im Koran heißt so.

Azân: Gebetsruf.

Bismillâhir rahmânir rahîm: Wird zu Beginn einer Handlung gesagt, damit sie gesegnet verläuft. Wörtl. Im Namen Allahs.

Duâ: Arabisch für Bittgebet.

Engel: Wesen aus Licht. An sie zu glauben zählt zu den Glaubenssätzen des Islam.

Fâtiha: Die erste Sure im Koran.

Gebet: Gemeint ist das Pflichtgebet, das zu festgelegten Zeiten ausgeführt werden muss.

Glaube: Iman. Der Islam besteht aus sechs Glaubensgrundsätzen, an die zu glauben Pflicht ist.

Gottesdienst: Auf Arabisch Ibâda. Primär versteht man darunter rituelle Gottesdienste. Im Islam gilt jede Handlung als „Dienen", die mit Absicht Allah zufriedenzustellen ausgeführt wird.

Hadsch: Pilgerreise nach Mekka.

Hawwa: Arabisch für Eva.

Hidâya: Rechtleitung, Fühung durch Allah; auch: Licht, Erleuchtung.

Ibâda: Siehe Gottesdienst.

Iman: Siehe Glaube.

Instindscha: So wird die Reinigung auf Arabisch bezeichnet, die nach dem Toilettengang vorgenommen werden muss.

Kiyâm: Das aufrechte Stehen im Gebet.

Moschee: Ort, um gemeinschaftlich zu beten und um andere muslimische Geschwister zu treffen. Auch Veranstaltungsort für besondere Anlässe.

Mukallaf: Jemand, der die Geschlechtsreife erlangt hat und geistig gesund ist. So jemand gilt als verantwortlich. Alter der Mündigkeit nach islamischer Auffassung.

Niyya: Absicht, Vorsatz, Wille.

Opferfest: Feiertag zum Gedenken an den Propheten Ibrahim (a).

Pflicht: Farz. Pflichten werden unterschieden in individuelle und kollektive Pflichten.

Prophet: Von Allah beauftragter Mensch, der eine Offenbarung vermitteln soll.

Raka: Gebetseinheit im Gebet. Das Stehen bis einschließlich Sadschda stellt eine Gebetseinheit dar.

Ramadanfest: Fest im Anschluss an den Fastenmonat.

Rukû: Verbeugung im Gebet.

Sadschda: Niederwerfung im Gebet. Stirn und Nase müssen den Boden berühren.

Sohbet: Wörtlich heißt es im Türkischen Gespräch. Im religiösen Kontext ist damit ein theoligischer Vortrag gemeint.

Tahâra: Reinigung.

Takke: Eine Kopfbedeckung des Mannes.

Tasattur: Arabisch für Bedeckung, Kleidung.

Tasbîh: Siehe Andachtskette.

Tawâfuk: Göttliche Fügung. Im Deutschen gibt es das Wort Zufall. Tawafuk bezeichnet einen „Zufall", der beinahltet, dass es von Allah gewollt ist.

Umra: Kleine Pilgerfahrt.

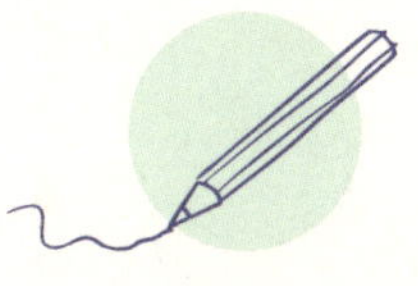

NOTIZEN